夢を叶える確かなステップ

なりたい自分になるための具体策
それはほんの少しだけ行動の歯車を変えること

尾崎 裕
OZAKI YUTAKA

幻冬舎 MC

夢を叶える確かなステップ

～なりたい自分になるための具体策
それはほんの少しだけ行動の歯車を変えること～

目次

第3章　モチベーション

第4章　ＰＤＣＡ——81

第5章　問題解決のテクニック——111

はじめに

いきなりの質問です。

〝あなたは今悩みを抱えていませんか？〟

この質問に対し、多くの人は「悩みを抱えている！」と答えることでしょう。

〝自分が思うようにうまくことが運ばない〟〝自分の活動に対しいつも期待するほどの結果が得られない〟などのように、人の活動には悩みの原因となる問題が多く存在します。

ここで皆さんに知ってもらいたいことがあります。それは〝なぜ人は悩むのだろうか？〟という疑問に対する答えです。

それは〝自分自身の考えを持つから〟だと言われています。

人は誰でも、自身の活動の結果や身の回りで起きる出来事に対して〝そうあってほしい〟と期待します。

しかし現実は思うようにはならないものです。このように自身の意思と現実との間に何らかのズレがあるから人は悩むのです。目の前に立ちはだかる問題に対して、何もできないでいる自分を歯がゆく感じる心が不満を引き寄せます。それは誰もが一度は経験すること。そのため悩みを持つことは決して特別なことではないのです。

さらに私達がシッカリと認識しておくべきことがあります。それは悩みを持つということは、心の中にそうありたいという夢や希望がある証拠だということです。意思を持たなければ、人は不満を感じません。不満が無ければ、当然悩みは湧かないのです。

さりとて、意思を持たないということは単なる人の形をした人形です。自分が人であることを放棄するのに等しいと言えるでしょう。だからこそ、意思を持ち悩みがあるということは人として正常に生きていることの証なのです。

〝意思を持つ〟。言葉にすれば簡単です。しかし、その意思を現実に貫き通すことは簡単なことではありません。なぜなら、自分が意思を通すことで問題が発生したり、自分自身が傷つくことを恐れるからです。

そのため、意思を通すことにリスクを感じる人は往々にして悩みを解消しようとはせず、目の前にある問題から逃げることを選びます。つまるところ〝人の悩みとは、心の中から湧き上がる夢や希望を自らが押し止めていることへの自責の念〟なのだと思うのです。

そんな中で、自分の夢や希望を叶えるために、大きなリスクに対して逃げることなく挑戦し続ける人達もいます。人生の成功者としてテレビ等で紹介される人達がその良い例でしょう。あなたは、そのような人達を見てどう思われますか。〝うらやましい〟とか〝自分もそうなりたい〟と思うのではないでしょうか。

成功することに対して〝自分には到底無理だ〟なんて諦めてはいけません。内容に違いはあれ、誰にでも成功のチャンスはあります。今正にこの本を読んでくれているあなたとて例外ではないのです。しかし、彼らのように人生の中で成功をおさめるためには、絶対に知っておかなければならない事実があります。それは〝成功者である彼達の共通点は何であるのか〟という問いに対する答えです。

あなたは、その答えは何だと思いますか。〝努力すること〟だと思いますか。それとも〝彼らが潜在的な能力を持っていること〟だと思いますか。

実は、そのいずれでもないのです。成功した人に共通する唯一の事実、それは〝実際に行動することなのです。どれだけ強運の持ち主でも、行動しなければ理想を具現化することは叶いません。

運命の扉は、唯一自らが動くことでのみ開きます。いくら天に祈っても、見ているだけでは道は絶対に開かないのです。その事実は誰もが知っているはずです。

周知の事実でありながら「動かなければ道は開かない」という主張に対して、誰もが当たり前のことだと一笑に付します。しかし、当たり前だと笑い飛ばしていながら、ほとんどの人が動くことなく願うだけの人生を無為に送っているのです。もとい、動くための術《すべ》すら知らずに、他人の成功に対して指をくわえて眺めることしかできていないのです。

もしもあなたが、心の底から〝次は自分が成功をおさめたい〟そう願うのであれば、自らの願いを叶えるための行動を起こす必要があります。そう言いながらも、私自身反省すべき点が多々あります。本題からは少し外れますが、雑用への対処でもやるべきことを先延ばしにする事例などは、常時抱えている己に対する反省の種だと言えるでしょう。

そんな一例ですが、本気で片づけようと思えば数分で済んでしまいそうな雑用を一か月ほど放置していたこともあります。直ぐに処理しておくと後々気が楽なはずなのに、さほど労力がかからないと分かっているにもかかわらず片づけることができないのです。

ある時、そんな自分自身の経験と反省から〝なぜ行動ができないのか〟、その理由と行動を起こすための対処法を考えてみました。行動が起こせない時どのような感情が心中に渦巻いているのかを探ってみると、それはいつも同じ概念でした。

たとえ処理するのにほとんど労力がかからないだろうと想像できたとしても、もちろん具体的に苦手な活動がある訳でもないのに、行動に移すことができない。その時の心の中にあったのは、ただ〝面倒くさい〟という気持ちだけだったのです。まだ活動を始めてもいないのに、具体的に何をしなくてはいけないのかさえ判らない状況でさえも、〝面倒くさい〟という屁でもないはずの気持ちが意外と頑固に立ちはだかるのです。

なぜ人が活動を始めようとする時､心の中に面倒くさいという思いが湧き出すのでしょうか。本書はそんな〝面倒くさいという感情〟を抑え込み、行動に移すための方法からスタートします。

これは行動できないでいる自分に気付いた時、気を取り直し活動に変える自身の対処法です。〝やらなければいけないことを先延ばしせずに実行できる〟、そんな要領を身に付けるだけでも、本題に掲げる〝夢に向かって行動を起こす〟という大きな課題克服への実現性が格段に増すはずです。

本書でお伝えしたい内容は、夢を叶えるために知っておきたいいくつかの事実についてです。どうして行動を妨げる壁が立ちはだかるのかというその理由と、どうやってリスクを回避しその壁を打ち砕けば良いのか、そこから前に進み続けるための力を如何にして維持継続させれば良いのかといった項目です。できるだけページ数を少なくし、必要なことだけを解りやすくコンパクトにまとめたつもりです。ですから読み通すのにさして苦労は無いと思います。

夢へと続く道に立ちはだかる大きな壁を見て進むことを諦めていた人達に、この本を読んでもらいたい。そして、一通り読み通した人に〝前よりも壁が小さくなっている〟と感じてもらいたいのです。そして、低くなった壁の向こう側にある新たな道のその先にゴールが実在することを確信してもらいたいと思っています。

第1章　行動するということ

1　後悔しないために

「人間は、行動した後悔より行動しなかった後悔の方が深く残る」（トーマス・ギロビッチ）という言葉を聞いたことがあるでしょうか。これは、人に行動することを促す言葉です。

いざ行動を起こしてもうまくいかず、あとで後悔することがよくあります。逆に、チャンスを目の前にしながらそこで躊躇してしまい、結局何もできなかったということもあるでしょう。

もしもそれらが、行動を起こすべきか否かを大いに迷った挙句の選択であるのなら、結局はどちらを選択したところで後悔の念が残ることに違いはありません。それなのに、なぜ多くの人は行動する方が良いのだと考えるのでしょうか。

その理由の一つに、失敗による後悔はあとで正当化できるからだと言われています。〝失敗はしたけれど、貴重な経験を得た〟〝夢を叶えることはできなかったけれど、これまでに得た経験が自分を大きくした〟などと思えることがその理由です。

アスリートは、ハードなトレーニングを積みます。小さい頃からトレーニングに励み、青春のほとんどをそのスポーツに注ぎ込む人もいます。それでもオリンピックのような晴れの舞台で輝ける人は、ほんの一握りです。仮に何らかの理由によってオリンピックへの夢が断たれたとしたら、その瞬間に彼らは不幸のどん底に沈み込むのでしょうか。

高校野球で甲子園を目指す若者達も同じです。授業の前に朝練をこなし、放課後も夕方遅くまで練習に打ち込みます。甲子園という目標を掲げ日々苦しい思いをしながらも、それが叶うことのない夢だと悟っている若者も多くいることでしょう。

それでも彼らは自分を不幸だと感じながら練習に励んでいる訳ではありません。なぜなら、自分が流した汗と日々の努力は確実に力となっていることを実感しているからです。

先に失敗を正当化すると述べはしましたが、その表現には大きな誤りがあります。なぜなら、行動には〝経験〟という名の見返りが実際にあるのです。

ピアノやバイオリンなど、プロを目指す音楽家も同じです。誰にも負けない努力を日々重ねます。しかし、それが自身を高みへと誘う挑戦であるのなら、どんな努力も苦痛だとは思わないはずです。

アスリートやプロの音楽家のレベルではなくても、自身が汗を流して身に付けたものは確実に体に残ります。そうして得たものにより自身の成長を確信できるからこそ、たとえ夢に見たゴールに辿り着くことができなくても、自身が流した汗と苦労に対して納得できるのです。その理由は、自分がそれまで積み上げたことは、確実に身に付いているからなのです。

それに対して行動しなかった時の後悔は、薄れること無く一生心に残ると言われています。何も行動しなかったことがあとに残るなんて全く不思議なことですが、それには理由があります。その理由とは、行動を起こさなければ心の中で燻る夢を、〝焼き尽くしてしまう〟ことができないからです。

心の中で育った夢はいつまでも変わることなく残り続けます。そして人生の途中で不満と出会う度に〝あの時に行動していたら、もっといい人生を歩めたかもしれない〟という後悔の念を引き連れ、過去の記憶の中から這いだしてくるのです。

その時に抱いた夢や希望が大きければ大きいほど、心の中の記憶は強く残ります。人生の終焉になっても〝もっと頑張れば良かった〟と、悔やみながら一生を終えるのは非常にやるせないことです。

ここまでは夢や希望が叶わなかった時のことを書きましたが、当然行動することでしか得られないものがあります。それは〝達成できた時の喜び〟です。

当たり前の話ですが、達成の喜びは行動しなければ絶対に手に入れることができません。辿り着いたゴールが山の頂上ではなくても、たとえそこが山の中腹であったとしても、それは自分が掴み取った成果であることに間違いはないのです。自身が全力をつぎ込んで行動した結果だと納得することができたのなら、そこで得たものは一生の宝となるはずです。

あなたにはこれまでの自分の人生を振り返って、できる限りのことをしてきたと胸を張って言える宝を一つでも持っていますか。

挑戦し始めの未熟な自分が挑戦を繰り返すことで日を追うごとに力をつけてゆく、そんな経験こそが正に自分自身の成長の証であり、それは宝です。大きな壁を目の前にして思うようにいかなかった時の悔し涙や、その壁を乗り越えた時の喜びの涙も、宝を飾るための大切な装飾品なのです。

行動を起こすという選択には、〝後悔〟という名の終着駅は存在しません。その意味で〝行動する〟〝行動しない〟の選択を迫られた時には、躊躇せずに挑戦してもらいたいのです。

2 どうすれば行動に移せるのか

人には、見えないモノ・知らないモノに対して恐れを抱くという特性があります。それは人が行動を開始する時にも影響します。先に述べた、いざ活動を始めようとした時、いつの間にか心の中に満ちている面倒くさいという感情もその一例です。

私は〝面倒くさい〟の後ろに、活動を妨げる本当の犯人が隠れていると思っています。その犯人とは、具体的な動きが想像できないことへの〝不安〟や〝恐れ〟なのだと思うのです。

それ故、動きたいと思うのであれば、具体的な動作をイメージすれば良いことになります。例えば、包丁を使って大根を切る時のことを思い浮かべてください。

最初にまな板の上に大根を置き、左手で大根を固定します。そして右手に持った包丁を大根に押し当て、力を加えて大根を切ります。たったこれだけの動きですが、頭の中ではどのような思考をしているのでしょうか。

脳科学は専門外ですので詳しいことは解りませんが、おそらく包丁を大根に押し当てた時、手を傷つけないか、大根が転げ落ちないか等を予め確認しながら行動するのだと思います。

具体的には大根に包丁を当てた時に大根の切り筋をイメージして、大根を押さえ付けている左手を傷つけることが無いのを確認します。次の行動が自分にとって安全で問題が無いことを判断できるからこそ、実際の行動に移せるのです。

もしも切る時の動作が頭の中に浮かばなければ、その行動が安全かどうかの判断はできません。その場合は、安全だという確認ができるまで切る動きが止まってしまうでしょう。

行動する前にイメージが必要なのは、危険な状態を察知する時だけではありません。以下にその具体例を挙げてみたいと思います。

実際の自分の経験を思い出しながら考えてみてください。
子供の頃、母親から「干した洗濯物を夕方までに取り入れておいて」と言われたことはありませんか。他に、夏休みの宿題を早く仕上げてしまえばあとが楽なのに何もせずに夏休みを終えてしまったという経験は、きっとどなたにもあると思います。

母からの言いつけは、片づけなければあとで叱られます。叱られたくないと思うのなら、言いつけどおりに片づける必要があります。

先に片づけようが、あとに回そうがやることは同じです。先に片づけた方が自分への負担が無くなって後々気持ちは楽になります。自身でも〝片づけなければ〟という重苦しい気持ちの原因が、言いつけをそのまま放置していることなのだと判っているはずです。しかし、それが判っていながら動けないことがよくあるのです。

動こうと思っても具体的な動きに繋がらない理由は、行うべき内容を〝母親からの言いつけ〟とか〝夏休みの宿題〟など行わなければならないことを、単に曖昧な言葉でしか捉えていないからです。

つまり体を動かす具体的なイメージが頭の中に描けていないからなのです。

例えば〝母からの言いつけ〟の場合、母からの言いつけがあることだけをインプットしてしまうと、具体的な行動〝物干し場に行き、洗濯物を取り入れて、洗濯物をたたむ〟というイメージが浮かびません。

そのため〝母からの言いつけ〟という言葉だけが頭の中を占領してしまいます。そこから連想されるのは〝面倒くさい〟〝憂鬱〟というような後ろ向きの言葉だけです。それらの言葉がどんどん蓄積してしまうと、ますます動けなくなってしまいます。後ろ向きの言葉が頭の中を埋め尽くすと、具体的なイメージが入り込む余地がさらに無くなってしまうのです。

その辺りの子供の気持ちをよく心得ている母親は、別の表現を使って指示を出します。例えば、「そのお菓子を食べたら、直ぐに2階に上がって洗濯物を取ってきて」と、〝2階に上がる〟という具体的な言葉を入れることで次の行動を確実に実行させます。

そう言われた子供は、お菓子を食べると渋々ながらも立ち上がって2階へと向かうことでしょう。その理由は2階に上がるというイメージが母親の言葉によって、心の中にある行動リストの最前列に控えているからです。

夏休みの宿題も同じことです。実際に宿題に手を出せない原因は、〝夏休みの宿題〟としか頭の中にインプットされていないからです。行動に移れない理由は〝どんな教科のどんな宿題をしなければならないのか？〟という具体的な行動にまで、考えが至ってないところにあります。

本当に行動を開始したいと思うのなら、〝算数のドリル〟とか〝読書〟とか、宿題の一つひとつを具体的に思い浮かべることです。さらに、自分がドリルを取り出し机の前に広げるところまでイメージするのです。自分の記憶の最前列に次の行動のイメージを並べておけば、希望するところの行動に移れる確率が格段に高くなります。

イメージする時、宿題の全体を思い浮かべるのでなく先ずは算数のドリルだけに集中すれば、夏休みの課題の量の多さに圧倒されて心が押しつぶされることもないはずです。

前日からそのドリルだけを机の上に出しておくのも、一つの手段です。このように何かを始めようと思う時には、できる範囲内で行動を具体的にイメージすることが大切なのです。

もう一度想像してみてください。「夏休みの宿題をすべて片づける」という言葉に比べて、「算数のドリルを広げ、最初の問題に取り掛かる」と頭の中でイメージした方が、実行に移す時のハードルが格段に低くなっていることに気付いてもらえると思います。

行動を開始する最初の一歩が踏み出せない時の対策は、このように目の前のハードルを低くすることです。何を行うにしても〝行動の一つひとつを具体的にイメージする〟、そのことが最良の手段になるのです。

それでは、夢や希望に具体性を持たせて行動に繋げるためにはどうすれば良いのでしょうか。その方法については次の章以降で詳しく説明したいと思いますが、次の章に移る前にお話ししておきたいことが一つだけあります。

それは〝開始した取り組みを最後までやり遂げるために必要なもの〟についてのお話です。せっかく始めた活動を途中で終わらせないため、本題に入る前にもう少しだけお付き合いください。

3　最後までやり遂げるためには何が必要か

何かに挑戦した時、自分自身が〝できる限りのことを行った〟という自覚を持てたのなら、行き着いた場所がどこであれ、その状況を結果として受け入れることができます。しかし、始めた時の意気込みを維持できずに、挑戦の途中で不完全燃焼の状態で活動を止めてしまうこともあります。

私が小学校4年生の時の話です。近所に住む同じ年頃の子供達の間で、そろばんが流行っていました。丁度その頃、私の家の目と鼻の先にそろばん塾が在り、何人かの友人が通っていました。彼らの話を聞くうちに私も塾に行きたいと思い始めたのです。そこで両親に頼んで塾通いを始めました。

しかし、最初の意気込みは長続きしませんでした。そろばんを弾くことに直ぐに飽きてしまったのです。何事もそうですが、一旦気力が萎えてしまうと続けること自体が負担になります。結局、何も身に付けることなく、中途半端のまま塾を辞めてしまいました。

人が何かの活動を始めるためには、必ずそこに理由があります。理由無しには、どんな活動も始まりません。そろばんを始めた理由は、その塾に行くことが楽しそうだったからです。

自分の気持ちの中には〝ワクワクするような出来事がきっとあるだろう〟という期待があったのです。しかし、通い出して直ぐにそれが間違いだということに気付きました。もうその時点で、塾に通う理由が無くなったのです。

どのような活動もそうですが、活動を続けるためには当然努力が必要です。その活動が能力や技術を身に付けるためのモノであるのならなおさらです。

努力は目的を達成するために励む行為だと言われています。逆の言い方をすれば、目的があるからこそ努力できるのです。〝そこまで行き着けばいいのだ〟と目的地を見据えることで最後まで頑張ることができるのです。

それならば、目的さえあればどんな活動も続けることができるのでしょうか。

私が中学1年生の時に次のような経験をしたことがあります。冬の寒い時期に炬燵に入って期末テストの試験勉強をしていました。ふと気付くと試験勉強ではなく敷毛布の毛玉をむしっていました。明日はテストです。当の自分は時間が無い中で試験範囲全体の復習をしようと頑張っているつもりなのですが、一向に集中することができないのです。

皆さんも何かに取り組んでいる時に〝気が付けば別のことをしていた〟という経験はありませんか？　今の時代であれば、〝気が付けばスマホをいじっていた〟というところでしょうか。

定期試験のための学習には、良い結果を出すという目的があります。それは明確な目標であり、やるべきことも決まっています。それでも思うように自分をコントロールすることができなかったのです。いくら目的があっても、自分自身の気が乗らなければ続けることはできません。先のそろばんの例と同じで、活動に負担を感じた時点で結果は決まっていました。

中学2年生になった時です。そんな状況が一変しました。同じクラスで仲の良い友人数名と競争を始めたのです。それは中間試験と期末試験において、全科目の点数を見せ合うというものでした。

競争に参加したメンバーは皆同じようなレベルでしたが、各自に得手不得手があります。試験前の力の入れ方やその時の気分にもムラがあるため、得点順に名前を並べると毎回順位が入れ替わるのです。そのことが中学生である私にとっては、非常に良い刺激になりました。競争を始めてから〝試験を受けるのが面白い〟とさえ思えるようになったのです。

理由は行動を起こす起爆剤に相当します。〝競争で一番になる〟という少しいびつな目的ですが、自分を勉強机に向かわせる力として充分なものでした。競争することの楽しさは、活動を継続させるための力として充分なものだったのです。

継続のための力は人や活動により違いはあるでしょうが、その要素として〝好きなこと〟だったり〝楽しいこと〟〝使命感〟や〝達成時のメリット〟等が挙げられます。

先の競争の例では、〝一番になった時の優越感〟〝順位が入れ替わるスリル〟という子供じみた感覚ではありますが、中学生にとっては充分に気力の源泉になったのです。

あなたは時間の経過を忘れてしまうような趣味や仕事を持っていませんか。〝取り組んでいたら、アッという間に数時間経ってしまっていた〟〝気が付いた時には、頭を使いすぎて少し気持ち悪い。頭が疲れてクラクラする〟もしこのように我を忘れて打ちこめるものがあるのなら、その活動はあなたの気力を高め、のめり込ませるに足る充分な要素を備えているはずです。

人に行動を起こさせ目的に向かわせるそんな心の高ぶりのことを、一般に〝モチベーション〟と呼びます。人が活動を継続するためには、〝目的〟と〝モチベーション〟の二つを持ち続ける必要があるのです。

好きなことや楽しいことは、モチベーションを高めると言われています。自分にとって必要なこと、やるべきことのすべてがそのように好きなことであればいいのですが、好きでなくても時にやり遂げなければいけないのが人のジレンマというものなのでしょう。

どうしてもやらなければいけないことが嫌いなことや苦手なことでも意思を貫き通すためには〝好き〟に変えてモチベーションを高めてくれる代わりの要素を用意する必要があります。そんな要素の一つに〝使命感〟と呼ばれるものがあります。

私が書いた最初の本は、『ヒューマンエラー防止対策』（幻冬舎ルネッサンス新書　２０２０）という本です。

私がまだ会社に勤めていた頃、生産現場で起こるヒューマンエラーを無くすことが重要な仕事の一つでした。製造段階の操作で不良品が発生したり、そこで作業する人が怪我をしたり、大切な装置を壊したりと状況によって違いはありますが、工場で起こる事故の多くが人のミスによるものだったのです。

事故が発生すると、その事故を起こした本人だけではなく、周りの関係者にも大きな負担がかかります。人の一生を狂わせるほどの重大な出来事を招くことにも繋がりかねません。それ故、事故が発生すると関係者全員で事故の原因を突き止め二度と同種の事故が起きないよう改善策を尽くしてきました。

しかし、いつも事故はその上をいきます。少し違った所で、少し形を変えて事故が発生するのです。〝イタチごっこ〟という言葉がありますが、まさしくヒューマンエラー対策はそれに近いものでした。

そんなヒューマンエラー対策に関して、自分なりの答えに辿り着いたのは退職後しばらくしてからです。対策としての出来は百点にはほど遠いものではありますが、有効な対策だという自負がありました。

その時〝きっと自分の考えが社会の人達の役に立つ〟と思えたから、自ら本を出すことにしたのです。そんな使命感だけでも、出版という目的を達成させるまでモチベーションを持続させるのに充分な力になりました。

後悔をしないため活動を始めることは、非常に素晴らしいことです。しかし、活動を最後まで継続させることは非常に困難なことです。それでも〝せっかく始めたのだから最後までやり通したい〟、そう願うのは人として当然のこと、途中で投げ出したくはありません。

そんな願いを叶えるために必要不可欠なものが先に示した〝目的〟と〝モチベーション〟です。この二つの役割とその重要性についてより具体的に理解するため、次の第2章と第3章で詳しく取りあげたいと思います。

第2章　目的

1　目的と目標の関係

夢や希望への挑戦を説く本の中には、「取りあえず前進しなさい」と唱えるものがいくつもあります。その多くで「結果がどうであれ、あなた自身が行動したことが重要なのだ。結果はあとから必ずついてくる」と主張しています。

確かに行動を開始することは重要なことでしょう。しかし私的にはその意見に対し、そのまま賛同することはできません。〝目的を達成するために努力する必要があるのなら、その努力は確実に身のあるものにしたい〟私はそう考えるからです。

では着実に歩を進めるためには、何が必要なのでしょう。それは自分の行動に方向性を持たせることです。そして努力の向きを自分が進みたい方角に正しく向け続けることです。自分の希望する方角と努力する向きを揃える、つまり両者のベクトルを揃えることが活動の無駄を無くし確実に前に進むことなのです。

ならばベクトルを揃えるためには、具体的にどうすれば良いのでしょう。それは目的を達成するための道が如何に曲がりくねっていたとしても、常に目的を意識することです。周囲のノイズに惑わされ、目的を見逃がすことが無いようにしなくてはいけません。そのためには〝目的〟と〝目標〟の違いをシッカリと認識し、正しい行動判断ができなければいけないのです。

あなたは、〝目的〟と〝目標〟の区別ができていますか？

あなたが叶えたいと思う夢や希望は、〝目的〟でしょうか？　それとも〝目標〟でしょうか？「双方に大した違いなんか無いのでは？」と思われる方も多いと思います。しかし、その考えは大きな間違いです。

〝目的〟と〝目標〟、この二つの関係を曖昧にしておくと、あとで大きな落とし穴にはまる恐れがあります。そこで、両者の違いを認識するために、それぞれが果たす役割を理解しておきましょう。

一般には、目的は終点だと説明されています。あなたが夢を持っているのなら、その夢を叶えることが目的です。登山に例えるのなら最終的に目指す場所、さしずめ山の頂上に立つということになります。

山頂に到達するには、一合目から九合目まで必ず経由しなければいけない通過点が存在します。その通過点に相当するのが目標です。決して終点ではないということだけ、先ず初めに頭に入れておいてください。


目的と目標の関係を説明するために、一つ例を挙げます。

ある目的を達成するために、どうしてもその活動に関わる知識や技術、応用能力などを身に付ける必要があるとしましょう。その場合、これら知識や技術、応用能力の一つひとつが目的を達成するために必要な目標です、即ちそれらすべての目標を修得しなければ目的を達成することができないのです。


ところで、それらの知識や技術は適当に身に付ければ良いものでしょうか。いいえ、目指す目的によって必要な目標の修得レベルや専門性に違いが生じます。

例えば英語の知識を例に挙げると、通訳に必要な英語と海外旅行で何とか会話をこなすためだけの英語とでは、レベルや専門性に雲泥の差があります。旅行先での買い物が目的で修得した英語では、通訳という仕事を行なおうとしても全く役に立たないはずです。

この例から、目指す目的によって目標達成レベルや専門性が違ってくるということが理解できたと思います。目指す目的が違うと、途中の目標も異なってくるのです。

ある目的を叶えるため、その目的に関わる特別な知識が必要だと判ったとします。しかし、それだけではどんな特性に特化させて、どれだけ奥深く極めなければいけないのかは判りません。〝どこまで修得すれば目標が達成できるのか〟という判断のしようがないのです。

どのような知識をどれだけ修得すれば良いのか、その判断基準になるのが目的です。目的がどこにあるのかさえ意識していれば、そこに向かう通過点上に必要な目標が見えてきます。目指すべき到達点を見定めたら、そこに向かって進む。そのことが希望の方角と努力の向きを揃えることになるのです。

2　目標の役割と特性

①バロメーター機能

目標を定める時に、知っておかなければいけない重要なポイントが一つあります。それは目標が通過点であるが故〝目標には計量（バロメーター）機能が必要である〟ということです。なぜバロメーター機能が必要なのかという理由は、先にも述べた通り目的によって目標の修得すべきレベルや専門性に違いが生じるからです。

そのことを理解するために、もう少し具体的に例を挙げて説明したいと思います。
あなたには志望する大学があり、1年後に大学受験が控えているとします。しかし、今のあなたの成績は思わしくありません。志望校に対する合否判定模試の結果が注意ライン（合格率20％）のE判定だとします。そこでこれからの1年間は、夢の実現（志望大学への合格）に向けて、猛勉強をすることにしました。

この場合、目的は志望校に合格することです。そのために、半年後にはボーダーライン（合格率50％）のC判定の成績まで伸ばしたいと考えています。そして、入試の１か月前に安全圏（合格率80％）のA判定まで成績をあげるという計画を立てたとしましょう。

この〝半年後にC判定まで成績を伸ばす〟ことや、〝入試の１か月前までにA判定まで成績を伸ばす〟ということが、あなたの大学合格という夢を実現させる途中段階の目標となります。つまり、目的である志望校への合格を実現するために通過しなければならない目標です。間違っても、C判定やA判定を取ることが目的ではありません。

半年後、模擬試験の結果が仮にD判定であったとします。返ってきた資料を見てあなたはどう思うでしょうか。判定が思わしくなかったという理由で、数日ふさぎ込みますか。それとも、自分のウイークポイントを見つけたことで、ラッキーと思うと同時にウイークポイントの補強に励みますか。

判定を見てふさぎ込んだ前者は、明らかに目的と目標を取り違えています。

叶えたいのは目的です。通過点の成績について一喜一憂することは、〝目的の達成〟という夢の実現に対して全く無駄なことです。目的が何なのかを落ち着いて考えると、模擬試験の役割が今の自分が目標とするレベルに対して〝達しているのか？　否か？〟という事実を知ることだと判るはずなのです。

即ち、今の自分のレベルと計画との間にどの程度の差があるのかを知ること。そのためには、目標通過時の達成レベルを正確に評価する必要があります。そのことを可能にするのが目標の計量機能です。

正確に評価することにより〝最終的に目的を達成するため、もっと努力して成績を伸ばす〟とか、その逆に〝思った以上に成績が伸びていたので、もっと高みを目指す〟など活動の修正が可能になるのです。

そう考えると返ってきた試験の結果は、計量機能の役割を充分に果たしているはずです。成績の中で、順調に伸びている部分についてはその調子を持続させると良いでしょう。片や、足を引っ張っている部分についていては、結果に付されている評価の内容を充分に検討することで今後の対策の参考となるのです。

②目標のレベルや特性は常に変化する（だから目標は修正し続ける必要がある）

仮にあなたの将来の夢が、画家になることだと仮定してください。

そのための手段としては、〝美術の専門学校に通う〟〝どこかの有名な美術家の弟子になる〟〝西洋美術を直に学ぶためフランスに留学する〟等のように夢を実現するのにいくつかのルートがあるはずです。画家になりたいという目的に対し、選択できるルートは決して一つではありません。

例えば画家を目指す場合、美術大学を経てどこかのコンクールで入賞し、周りからの評価を得ることでその道のプロを目指すという道順を選んだとしましょう。

その道順を選んだ理由が、デザイン力から基礎的な教養まで美術に関わる能力を総合的にバランス良く身に付けることで画家としての活動を幅広く行うことだとすれば、美大への進学は得策だと言えるでしょう。

しかし〝実際に美術の本場で美的感性や感覚を重点的に養うことで、人を感動させる絵を描きたい〟という望みが強くなれば、途中から海外留学というルートに変更することも考えられます。

その場合、画家になりたいという目的は変わらなくても、道中に必要なアイテムは多少異なります。語学力を例に取れば、うがった見方ですが美大の大学受験に必要な語学力とは試験で合格するためのものです。知識は総合的にバランス良く深める必要があるでしょう。しかし留学する場合に必要なのは、現地で不自由なく活動をするためのコミュニケーション力のはずです。ヒアリングが不充分だとしたら、大切なコミュニケーションがおぼつかなくなってしまいます。なので、シッカリとしたヒアリング力と美術に関する単語力を身に付けておく必要があるのです。

このことから、大学受験か留学かの違いで必要となる語学の種類やレベル、得るべき内容に違いが生じるということについて理解してもらえたと思います。

このように自分の目指す目的の内容によって進むべきルートが変わります。さらに同じジャンルの目標でも、選ぶルートが変われば達成すべきレベルやその特性も変わってくるのです。希望する方角と進む方角とのベクトルを揃えるということは、即ち自分の望みに合ったルートを見つけてそれに適した目標を経由しながら着実に目的に向かって進むことなのです。

3　目的の役割（個々の成果を一つにまとめる）

人の活動では、環境や生活条件が常に変化します。ですから、目的を達成するまでのルートについても、平坦な一本道にはならないでしょう。目指す夢が大きければ大きいほど、分岐点における道の選択や取り組みの過程における目標の修正など、迷うことは多々あるはずです。しかし、道がどんなに複雑であったとしても、目的をシッカリと認識できてさえいれば決して迷うことはありません。その理由は、目的が正しい方角を示す羅針盤の役割を果たしてくれるからです

多くの人材が集まる企業において、在籍する一人ひとりの力はさほど大きなものではありません。企業内での活動も人事・営業・製造と、部署によって全く異なります。それが個人単位となればなおさらです。何もしなければそれぞれの活動に整合性が取れず、大きな成果を得る

ことはとてもできないはずです。
企業の力を最大限に引き出すためには、組織のメンバー全員の力を一つにまとめることが必要です。そこで企業は、全員の力を結集し円滑に活動を進める目的で〝その企業が何を目指すのか？〟ということを明確に伝えます。
どのような条件下においても社員全員のベクトルを集結させる。どんな企業もそのための努力を怠ってはいけないのです。もしそれができないなら、企業としての価値はいずれ失われてしまうでしょう。

それでは具体的にどのような工夫が必要なのでしょう。企業が成すべきことは、たった一つです。それは〝企業が目的を果たすために、自分は何をすれば良いのか？〟という問題に対し、組織に関係するメンバー全員が適切な答えを導き出せるように、企業方針により目指す目的とその意図（なぜそうありたいか）を明確に示すことです。

企業方針とは即ち、本来個別の意思を持つ社員全員のベクトルを正しく目的の方角に向ける役割を担うものなのです。企業方針に従って、メンバーの一人ひとりが自分の担うべき役割を考えます。企業が目的を達成するために自分がどんな課題に取り組みどのような成果をあげれば良いのかを考え、答えを探るのです。

当然職務が異なれば目標とする成果の内容が異なります。しかし参加するメンバー全員が正しく〝企業方針〟を認識できてさえいれば、各々が出す答えは目的に適った成果として実を結ぶはずなのです。

このように各自の取り組みをまとめる役割を果たすのが企業方針、つまり企業の目的です。そして個人が目指す目的も、その役割は全く同じだと言えます。

個人の取り組みで必要なことは、夢を叶えるために克服しなければいけないすべての目標について、それら目標同士を束ねることです。そのためには、企業が〝方針〟を明確にするように、個人も自分が成し遂げようと思う〝目的〟を常に意識して目標であるアイテムのレベルや特性を調整する必要があるのです。

どういうことかと言えば、目的を達成するためにいくつか目標を克服しなければならない場合、それまでに獲得した成果と今正に取り組むことによって得ようとしている成果が調和するように調整します。達成した成果を組み合わせることによって最大限の効果が引き出せるように、総合的な使い方を常に頭に描きながら取り組みを行うのです。

ここで一つ例を挙げます。

あなたには彼氏がいて、その彼氏が明日のデートでショッピングに付き合ってくれると仮定します。そして明日のあなたの目的は、〝その次のデートの時に、彼の好みの装いでコーディネートした自分の姿を披露する〟ことです。

つまり明日の目的は自身のコーディネートということになります。ですから自分に似合う服を見つけることが一つの目標。また、自分にピッタリの靴を見つけるのもやはり、明日目的を達成するための目標の一つです。

そう考えた時、それぞれの目標の成果は、互いに統一性が無くてはいけません。そうしなければ、トータルのコーディネートを考えた時、調和が保てなくなるからです。

そのため、訪れたショップでいくら気に入った服を見つけたとしても、その服が他で選んだアイテムと全く調和が取れないのなら、今回のショッピングの目的からは外れることになります。

その場合、聡明なあなたなら今回の目的にそぐわない服については、きっと選ばないはずです。

このように目的は、各目標を達成する時の制約にもなります。そのことが即ち、ベクトルをまとめる働きとして機能するのです。このように最も素晴らしいアイテムがベストの選択にはならないこともありえます。ですが、すべての目標の成果が目的に適ったものであったのなら、トータルとしては素晴らしいコーディネートができ上がるのです。

次は彼氏の立場になって明日のデートを考えてみましょう。デートの目的は言わずもがな〝彼女の心を自分に引き寄せる〟ことです。きっと何日も前から周到に計画を練っているに違いありません。しかし、人は目的と目標を取り違え大きな失敗を犯すことがあります。特に綿密に練った計画を立てた場合には、状況の変化に対して臨機応変な対応ができなくなるのです。

デートの当日、彼女の衣装選びに時間がかかったため、ディナーまでの時間内には一つしか目標を選択することができなくなってしまいました。しかし、計画には靴を選ぶことと、デートスポットでの彼女へのサプライズという実行したい目標が二つも残っています。

どちらも捨てがたいのですが、そうは言ってもディナーの予約時間は待ってはくれません。

こんな時、男性は往々にして大きな間違いを犯します。きっと喜んでくれるからと誤解し、靴選びは次回のデートにしようと強引にデートスポットに連れてゆくのです。

それは〝彼女の心を自分に引き寄せる〟という大きな目的が、たかが目標の一つでしかないイベントに退けられた瞬間です。その後の彼女の様子を見て、きっと彼は今日のデートの目的を思い出すはずです。そして、自分が犯してしまった過ちを後悔の念と共に悟ることになるのです。

いくら周到に計画した目標でも、その行為自体が目的にそぐわない場合には実行に移すとマイナスになることがあります。多くの人が能力を持っているにもかかわらず充分に発揮できないでいる最大の理由は、真の目的がシッカリと見えていないためにすべてのベクトルをうまく束ねきれていないからなのです。

このように〝目的〟は単なるゴールではありません。関係するすべての活動をコーディネートするための羅針盤です。〝トータルで得られる成果を最大のものとする〟、その可能性を高めるための指標なのだということを決して忘れないでください。

第3章　モチベーション

1　モチベーションとは

目的を遂げるためには、目的に対する情熱を最後まで絶やさずに持続させる必要があります。ある瞬間にいくら情熱を燃え上がらせても、時間が経つにつれてその炎は次第に弱くなり、気が付けば消えていることもあるのです。そんな情熱の炎を持続させる役目を担うのがモチベーションです。

～一般的には～

モチベーションは一般に、〝意欲〟とか〝やる気〟だと説明されています。他には、動機的な要素を強調した表現で〝人に行動を起こさせ、目標に向かわせる心の高ぶり〟だと説明しているものもあります。いずれにしても人の心を高揚し行動を起こさせる役目を果たすのがモチベーションだというのが一般的な捉え方のようです。

しかし、夢や希望を叶えるまでの心の支えをモチベーションと称するのなら、単なる〝意欲〟や〝やる気〟だけでは力不足なのではないでしょうか。確かに、自分の持つ願いがその日の試合で活躍する程度のものであるのなら、たった数時間だけ、即ち試合の間だけ意欲を継続させれば良いでしょう。

ですが、夢や希望を叶えたいという願いの場合、それが叶うまでにはかなりの時間が必要となります。願いによっては数年かかることも、一生を懸けて続けなければいけないこともあるのです。それほどの長い期間〝動機〟や〝やる気〟だけを、切らさず継続させることは不可能だと思うのです。


～本書ではこう考える～

本書では夢や希望を叶えるという観点から、モチベーションについて一般論とは少し違った解釈をします。先ず意識してもらいたいのが、モチベーションには相手があるということです。その相手とは夢や希望を叶えること、つまり行動の対象となる夢や希望の実現です。それが即ちモチベーションを維持する目的です。

その上でモチベーションを定義すると、モチベーションとは〝覚悟〟や〝充実感〟〝進むことの喜び〟さらには〝未来への期待〟など、一つの単純な要素ではなく、取り組みに必要な力を生み出すいくつもの要因により作りあげられた筋肉のようなものだと思います。

一般に使われている言葉で表すのなら、最も近い表現が〝自信〟や〝自己効力感〟です。なので、夢実現に必要なモチベーションとは、活動の始めから持ち合わせているものではなく、活動する中で強化すべきものなのだと思うのです。

先の章では、目的と目標の違いについて述べました。夢を叶えるためには途中いくつかの目標を経由し、望むところの成果を手に入れなければ最終の目的地に辿り着くことはできません。そんな状況は、ある意味ロールプレイングゲームに似ていると思うのです。

ロールプレイングゲームは難易度の低い順から、次々に障壁をクリアしてゆくゲームです。いくつもの難関を潜り抜ける間に、技術や能力を高めることにより力を付けてゆきます。最終的にラスボスを打ち砕くことでゲームが終わりますが、その過程が夢の達成手順と類似しているのです。そこで、先に述べた〝強化すべき〟モチベーションと人との関係を具体的にイメージしていただくために、このロールプレイングゲームを絡めてお話しをしたいと思います。

ロールプレイングゲームは「夢を叶えたい」そう思い立った瞬間にスタートします。そして、人の心の中に挑戦を続けたいというモチベーションが芽生え、ライフポイントが作り出されるのです。
しかし、ゲームの始まりはライフポイントを作り出す力が弱く防御力もありません。戦いに関してはとても非力な存在です。植物に例えると、発芽したばかりの双葉の状態だと言って良いでしょう。

ゲームの終着点までの行程は長く、行く手には多くの障害や難題が待ち構えています。それでも、夢を実現するためには、自分のライフポイントを削りながら前に進むしかありません。そうかと言って双葉のまま進めば、途中で出くわす相手がたとえ〝雑魚キャラ〟であっても一撃を食らうと一瞬で倒されてしまいます。ですから、ゲームの始めには、大きなダメージを受けないよう注意しながら慎重に歩まなくてはいけないのです。

現実の世界で、多くの人が夢に向かって息を荒げ旅を始めます。しかし、彼らが抱くところの大きな希望に反しスタート直後にあっけなく挫折してしまう理由は、このパターンに当てはまります。即ち、ライフポイントが低い状態のまま無理やり進もうとしたため、雑魚キャラからの取るに足らない攻撃に呆気なく潰されます。そうしてライフポイントをすべて失った結果、夢まで失ってしまうことになるのです。

ゲームを完遂するためには、立ちはだかる難関をすべて攻略し前に進むしか方法はありません。しかし目的地に到達するためにはどんなことがあってもライフポイントを消滅させる訳にはゆかないのです。それ故、ライフポイントが低いゲームの初期にはポイントを大きく失う恐れがある無謀な戦いを避けなければいけません。先ずは自身のモチベーションを高めることに専念すべきなのです。

モチベーションを高めたいと思うなら、植物が双葉からスタートして本葉を生やし自身で光合成を行うように、自身が成長することによって力を生み出す器官を増殖させる必要があります。ある程度までモチベーションを高め、自身のライフポイントの最大値をあげれば、小さな戦いなら多少のダメージを受けてもポイントがゼロになることはないのです。もしもゲームの初期であったら、呆気なく潰されていたであろう状況でも生き延びることができます。たとえ残りのライフポイントが僅かであっても、残っている限りそこから再度復活することができるのです。

作戦の巧者になると大きな挑戦を始める前に、今からどのような戦いが繰り広げられるのかを予想します。これから我が身にふりかかる相手の攻撃を予測し、そこから想定されるダメージに耐えるように我が身を強化しておくのです。

二度目以降の挑戦では、対峙するボスについて予め検討を行います。どのようなアイテムを使って攻めれば良いのか、そのための攻略方法を吟味しておくことも怠りません。

知的な攻撃が有効なら、知的装備を強化するのが得策でしょう。攻撃の精度が求められるなら、繰り返し練習を行って確実性を高めるべきです。どのような準備を行うべきかは挑戦するステージの特性次第で決まります。

そのようにして身に付けた知識や技術は、その時に挑戦するステージで大きな力を生み出します。一度身に付いた能力は、簡単に失うものではありません。次からのステージでも役に立つのです。そうやってモチベーションの幅を広げ、ラスボスへの挑戦ができるまでに力を付けてゆくのです。

以上のことから、モチベーションは〝単なるやる気〟ではないということがお解りでしょう。たとえ叩かれ傷ついてもその状態から復活する力を生み出せるものでなくてはいけないのです。そんな力を身に付けることにより、初めて未来を切り開くことが可能になるのです。
夢を掴むための旅の途中で何が起ころうと、状況がいくら変化しようと、旅の主役はあなたです。何があってもその真実が変わることはありません。旅のお供を務めるモチベーションをどこまで強化できるかはすべてあなたに掛かっているのです。

自らが手塩にかけて大切に育てれば、モチベーションはあなたの思う通りに育ってくれます。そして、大きく育つほどに強力な武器となりあなたの助けになるのです。そのような育み助け合う繋がりこそが、モチベーションとあなたとの関係なのだと私は思うのです。

そんなモチベーションを、具体的にどうやって強化すれば良いのでしょうか。
その方法とは、目的に向かって計画を立て少しずつ確実に進むことです。その詳細は次の第4章でお話ししましょう。

でもその話をする前に、皆さんが知っておかなければいけないことがあります。それは、日々の活動の中で発生する障害によって情熱の炎がかき消されてしまうことがあるという現実についてです。

その障害は誰にでも襲いかかる可能性があります。その時、慌てて対応を間違ってしまうと、先に述べたようにモチベーションを失ってしまうことが起こりうるのです。そんな悲劇を起こさないために、普段から心掛けておくべきことについてこの章の中でお話ししておきたいと思います。

2　モチベーションを高める（ライフポイントの最大値をあげる）

自分自身のモチベーションの最大値を高めることや、敵から攻撃を受けた時に自身のモチベーションが受けるダメージを少ないものにすることなど、自分自身の精神を管理統制することをセルフマネジメントと言います。

セルフマネジメントという言葉から想像すると、実践は非常に難しいように聞こえますが、実際に普段から心掛けていれば誰にでもできる内容のものです。

それではどのように実践すれば良いのか、先ずはライフポイントの最大値をあげる方法から話を始めましょう。

①目的を明確にする

夢を叶えるため人が何かを成し遂げようとすると、そこには多くの問題が待ち受けています。その中に、〝夢を実現させるため旅を始めたが思うように前に進まない〟という状況に陥ることがあるのです。その原因の多くが夢を明確にできていないためだと言われています。

夢が明確になっていないとは、どういうことなのでしょうか。

子供の頃に持つ夢のように、〝お医者さんになりたい〟とか〝運転手さんになりたい〟など、ザックリとしたイメージを持つだけで、大抵の人はそれ以上の想像はしません。その思いを、単なる憧れで止めておくのならそれでもいいでしょう。しかし、そう思うだけでは憧れの職業に就けないのが現実です。

例えば、今抱いている夢が〝何か人の役に立つものを発明したい〟というものだとします。しかし、漠然と思うだけで、〝どんなものを発明したいのか？〟それをハッキリとさせなければ自分自身もどう行動したらいいのか解らないはずです。

エジソンのように、電球や蓄音機などの家電を発明したいのか。ジョージ・スチーブンソンの蒸気機関車のように人々の生活に役立つ乗り物を発明したいのか。

現代なら、ドローンの技術を利用した、自動車に代わる交通システムの開発なども夢の一つかもしれません。もしもそれが本当に実現できたなら、それは素晴らしいことです。

いずれにしても〝対象が何か〟をもっと具体的にイメージしないと、前には進めません。そのためには、夢の内容を今よりも具体化する必要があります。

自分は〝何を成し遂げたいのか〟夢の目的をシッカリと見据えると、どのような所に力を入れれば良いのか、どこで踏ん張れば良いのかが解ってきます。

もしも自分が開発したいモノが人々の生活を豊かにすることができる家電であるのなら、先ずは電気工学や電子工学の知識を高めることが必要でしょう。より人々の暮らしを進歩させたいと望むのなら、生活環境を支えるための基礎である生活工学を学ぶのも一つの選択肢です。心の中に思い描く夢や希望に光を当てて、より明確にその姿を浮き上がらせる。そうすることで進むべき道が具体化すれば、次のステップが見えてきます。そうして得られる〝ゴールに一歩近づいたという感覚〟が、夢への親密度を今よりも高めてくれるのです。これこそがモチベーションの最大値が増大した瞬間なのです。

②自主性を高める

夢を実現するための活動は、他人から指図されて行うものではありません。自分自身で行動を決定することが大切です。自らが行動を決定できる、つまり自主性を高めることは夢の実現に限らず、人が生きていくために備えなければならない重要な人の特性です。

自ら決定することの優位性は、〝どうしてそれが必要なのか?〟〝他のもので代用できないのか?〟〝他に方法は無いのか?〟など、本人しか知り得ない判断基準に照らし合わせて行動ができるというところにあります。他人がいくら当人のことを知っていたとしても、本人よりも正確な基準を示すことなど決してできないのです。

叶えようとする夢によって、修得すべき種類の知識や能力のレベルには違いがあります。自分自身が考えるからこそ、違いが生まれるその理由を基点に、使い方を加味した適切な答えを導き出すことができるのです。

私が社会人の時の出来事です。部下の一人から「あなたは、具体的な指示を出してくれない」と、責められたことがありました。

私は、人は大きく二種類に分けられると思っています。

一つは〝1から10まで、すべての活動に対し指示が必要な人〟。所謂、マニュアルというものを片手に、そこに書かれている通りにしか動くことができない人です。今のマニュアル社会では、その種の人の割合が増えてきたと思われます。

もう一つは、〝どんな成果が欲しいのか。それはどんな理由で必要なのかを伝えると、当人の力量の範囲で結果を出せる人〟です。

私は、ある程度の力量を備えた人に対しては、一々指図することを好みません。理由は、その人の能力の範囲内でできるであろう内容の仕事をお願いしているからです。
当然、その仕事をやり遂げるには、悩んだり努力したりすることもあるでしょう。自分一人ではできないこともあります。しかしその場合でも周囲の助けがどれほど必要なのか、新しい知識をどれだけ吸収すれば良いのかを本人に判断してもらいたかったのです。

達成のため自らが悩んで段取りを組み、弱点を克服して仕事をやり遂げれば、そこに至るまでの努力や経験が当人の力量を高めてくれます。他人から指図されただけの仕事では、それらの経験は決して得られないのです。

現代のマニュアル主義の仕事の進め方は、誰もが同じ結果を出せるという意味からはいいのかもしれません。しかしそれでは、取り組んでいる仕事に対して親近感は湧かないと思います。自らが考え工夫するからこそ、自分の取り組みに対して当事者意識を持つことができるのです。

夢の実現についても同じことが言えます。自分で考え工夫しながら取り組むことで初めて夢と自分との間が縮まる感覚を覚えることができます。そしてその親近感がモチベーションを大きく育てるための肥やしとなる心のトキメキを生むのです。

③ 最も相応しいアイテムを選ぶ

〝私の趣味は読書です〟と言う人がいます。中には、一日に何冊も読破するような猛者もいることでしょう。しかし、その人達のほとんどは単に本を読み飛ばすだけで、本から得た知識をうまく活用できずにいるのが実情だと思います。

夢を追い求めようとすると、途中に立ちはだかる様々な障壁を乗り越えるため、幅広くアイテムを身に付ける必要があります。知識もそんなアイテムの一つです。

しかし、どれだけ多くのことを記憶の引き出しに仕舞い込んだとしても、必要な時に直ぐに取り出し活用できなければ意味がありません。加えてただ使えるだけでは不十分なのです。似通った使い方ができるいくつかのアイテムの中から、最も適切なモノを取り出せて初めて価値が生まれます。

そのことは〝技能〟や〝道具〟等々。求める夢により必要とするアイテムは異なりますが、どの場合も同じです。使い方を認識しうまく活用できるのとそうでないのとでは、使用するアイテムの生み出す価値の次元が全く異なるのです。

あなたが旅先でドライブを楽しむため、レンタカーを借りたとしましょう。これから巡る観光地によって、さらに何人で旅をしているかによって借りる車は違うはずです。

大人四人で自然豊かな高原を満喫したいと思うなら、数人乗りのワンボックスカーや少し大きめの車が良いはずです。

間違えて借りた車が軽自動車だったと想像してみてください。四人が乗るだけで車内は満杯のはずです。旅行カバンも四個有るのです。そんな状況でスカイラインを通って高原を巡っても快適なはずがありません。窮屈さのあまり、体調を悪くしてしまうでしょう。

それが夫婦二人で、地方の寺院仏閣をゆっくりと巡るのなら話は別です。寺院へは、狭い道を通らなければならないかもしれません。駐車場も整備されていない可能性があります。きっと大きな車よりも軽自動車の方が小回りの利く分、アイテム的にはその旅にマッチするはずです。おまけにレンタカー料金も安くて済みます。浮いたお金で、お昼の食事を少し贅沢にするなどの楽しみも生まれることでしょう。

夢を実現するためのアイテムも、その使い方を意識しなければ真に適切なものを得ることができません。意識して獲得したアイテムが適切であればあるほど、快適に利用することができます。それを使ってより安全で確実に前進することができるのです。そのような安心で安定した感覚こそがモチベーションを高い状態で持続させる最も望ましいあり方でもあるのです。

3　モチベーションを下げない～防御力を高める～

モチベーションを高めることは大切です。それと同時に仮にダメージを受けたとしてもモチベーションを下げないことも重要です。

ライフポイントを消滅させない作戦の一つに、色々な障害から受ける攻撃のダメージを小さくするという方法があります。そのための手段を三つほど挙げておきましょう。

① 感情を抑え込まない

普段の生活のストレスが、夢に対するモチベーションに悪い影響を与える時があります。例えば〝親族に不幸があった〟〝失恋した〟〝可愛がっていたペットが死んだ〟など、大切なものを失った時の悲しみです。

日々の生活において、避けられない不幸は誰もが必ず経験します。

そんな状況に置かれたら、誰しも心の底から〝辛い〟〝寂しい〟〝不安だ〟など様々な感情が湧き上がってくるはずです。

その感情を無理に抑え込んでしまうと、心の不安定が解消されないままいつまでも続いてしまうことがあるのです。行き場を失った感情はどこへも流れ出ることができず、まるでダムの水のように心の中に溜め込まれます。

しかし、溜まった水が許容量を超えてしまうと、ダムは決壊するしかありません。心が決壊を起こしてしまうと、きっと普段の生活にまで悪影響を及ぼすでしょう。
もしも影響が夢に関わる活動にまで及んでしまうと、モチベーションを下げることにも繋がりかねないのです。そうならないために、どんな状況においてもダムの水位をうまくコントロールしなければいけません。具体的には、何かあった時は無理に感情を抑えずに直ぐに解消することです。あえて感情を吐き出すことで、感情の洪水から心を守ってやる必要があります。

お決まりのパターンでケンカする夫婦がいます。それは夫婦間に溜まった感情のエネルギーを吐き出す作業なのだと解釈できます。
傍から見れば、ケンカの絶えない夫婦に見えるかもしれませんが、お互いが許せる範囲でストレスを発散しているのです。そうすることで相手に大きな打撃を与えることなく、平穏に元のさやに納めることができるのです。

この夫婦のように普段からうっぷんを発散させることを心掛けていると、ダムが計画的に水を放流するように上手な対処の仕方が解ってくるものです。

怒り、悲しみ、不安、すべて人が持つ自然な感情です。どうしても湧き出してしまう感情は無理に抑え込まずに、節度あるエネルギーの放出を心がけるべきです。

②スマイル実行

今から20年ほども前のことです。勤めていた会社である方の講演が開催されました。誠に申し訳ないことですが、その方のお名前を控えておらず今は判りません。何冊か本を出しておられる方で、関西人である自分から見ても、その特徴ある話し方はいかにも浪速のオッチャンという雰囲気の方でした。

講演後その方の本を会社で何冊か購入し、社内で自由に貸し出すことになりました。その中の一冊の内容です。

カッコ内の文章は、本を読ませていただいた時に特に印象に残った内容で、本から抜粋しノートに控えた文の一部です。会社に勤めていた間、毎年手帳を新しくする毎に最初の見開きのページに書き繋げてきました。書かれた原文の一字一句を間違えずに転記したものではなく、途中で自身が思ったように書き換えてしまっている部分もあります。

そのため、伝言ゲームと同じで多少文章は違ってきていると思いますが、著者が言いたかった内容と大筋は違っていないと思います。

それは以下のような内容でした。

「社会で起こる問題の発火点が感情なら、そこに正論をぶつけても何も解決しない。仕事は人間関係で進む。従って、人間関係を円滑にすることが、仕事をうまく進める方法だ。

どうしても避けられないことは、苛立ってもしかたがない。単に周囲への印象を悪くするだけ。そんな時こそスマイル実行。

日頃の行いには、必ず結果がついてくる。即ち、日々の一つひとつの積み重ねが結果に影響を与える。それは、プラスにもマイナスにもなることを、常に意識する必要がある」

ここで申し上げたいのは、三つある段落の真ん中に書かれている内容です。

「どうしても避けられないことは、苛立ってもしかたがない」という部分。少し大げさかもしれませんが、この言葉は私の人生を少しだけ変えたと思っています。

これまでの社会生活の中で時折感じた〝怒り〟や〝憎しみ〟の一部について、この言葉はそれらを打ち消す役割をしてくれました。

夢を追い求める中で先に述べた悲しい出来事と並んで、自分達のヤル気を削ぐものとして〝嫌なこと〟〝面倒くさいこと〟〝辛いこと〟などの避けられない状況が、今の社会には掃いて捨てるほどあるはずです。

しかしそれらに対して、一々怒りや苛立ちをぶちまけても仕方がありません。それが仕事であるのなら、自身の気持ちに関係なく絶対に行わなければならないことであるはずです。

私は、絶対に避けられないことに対して感情をぶつけるのは無駄だと割り切ることにしました。「是非もない！」そう割り切ってみると、今まで拘ってきた多くのことが意外と吹っ切れたのです。

世の中に存在する煩わしさのほとんどが、夢を実現するための活動に対して、何ら関係が無い所に存在します。そんな煩わしさ如きに、夢の実現を阻まれるのは本当にバカらしいことです。

仕事の上で自分を苛立たせる原因の多くは、単に自分の好みと違う、面倒くさい、疲れるなどの理由によるものです。心の持ち方次第で、同じことが重くも軽くにも感じられます。なので、それら絶対に逃れられない出来事に対しては〝自分には避ける術がない〟と割り切ってしまうのが得策なのです。

先の項では、自然に湧き出る感情に対しては、無理に抑え込まない方が良いと述べました。全く逆のことを言っているようですが、それらは既に起こってしまったことに対してです。自分の意思にかかわらず絶対に実行しなければいけないことに対しては、いくら感情を高ぶらせても〝どうにもしようがないことだ〟と割り切ることも必要なのです。

どうしても避けられないものに対しては〝スマイル実行〟。そこにマイナスの感情を挟まない。意外に、このスマイル実行の精神はモチベーションを下げない強力な手段となります。

③ 心を育てる（Are you happy？）

人は誰しも、人生において様々な障害を抱えています。しかし、どのような障害も自分で克服し、乗り越える必要があります。

２０１６年の4月に、とあるテレビ番組を見ました。その回は元新聞記者のＩさんという方を取りあげていたのですが、そこで彼女の「幸福論」なる一文が紹介されました。

『退職を機に体調不良を整えようとインドの療養施設に滞在した際、肩こり、不眠、ストレスによる湿疹など延々と続く私の訴えをウンウンと聞き取った医師が最後に尋ねた言葉。「それで、あなたは幸せなの？」

虚を突かれ、思わずたじろぐ。

私たちは何かを手に入れて幸せになろうとしている。モノ。お金。そして健康。でも手に入らなければ不幸なのか？　例えば病人は不幸なのか？

だとすれば私たちは皆、不幸にまみれて一生を終わるのだ。
だって病と死からは誰も逃れられないもの。
でも本当は病人だって、モノやお金がなくたって幸せになれるはず。
肝心なのは何かを手に入れることじゃない。ハッピーになること。
「ある」幸せがあるなら「ない」幸せがあったっていいじゃない。
そう考えると意外なほどに心は浮き立つ。人生は自由だ。
そしてどこまでも開かれている。
アーユーハッピー？』

既に番組放送から数年が経過しています。しかし、私はこの下りの数分間だけは、記録したメモリから消さずに、時に思い出しては繰り返し見ています。

私事ですが、自身が高血圧であるため、毎日朝食後に薬を飲んでいます。本当か嘘かは定かでありませんが、「血圧の薬は、一度飲み始めたら、一生飲み続ける必要がある」と言われています。自身としては、毎日薬を飲むことに対して、煩わしいと思うのではなく、血管のリスクをさげるためのメンテナンスをしているのだと、前向きに考えることにしています。

今自分の置かれている状況や出来事に対して、今とは違った見方をすることで、気分や感情を変える手段を〝リフレーミング〟と言うそうです。仮に不幸やトラブルに遭遇したとしても、その中から自分にとってプラスになることを見つければ、幸せを感じることができるのだそうです。

同じ出来事でも、人により感じ方は違います。

例えば、外出先で雨に遭った時に、カバンの中からたまたま折りたたみの傘を見つけたとしたら。雨に降られたことを不運に思いますか？　それとも、カバンの中に傘を持っていたことに自身の好運を感じますか？

例えば、夏の暑い盛りに庭の雑草取りをしなければならなかった時。暑いという状況の悪さを嘆きますか？　作業を終えてシャワーを浴びたあと、ご褒美の冷えたスイカを食べることで細やかな幸せを感じることができますか？

昼間汗をかいた夕方、大好きなビールを飲むことがあるとしたら。昼間の暑さを、その日の不幸と感じますか？　それともビールを美味しくいただけることを幸せだと感じますか？

人は、幸せを感じる心を育てることができるのだそうです。それこそが困難に負けない、折れない心というものなのではないでしょうか。

夢へと続く道の途中に待ち受ける障害はどうしても避けられません。中には、夢とは関係のない場所で、夢に対するモチベーションを下げてしまうような障害もあるのです。

しかし、それらの多くについては気持ちの持ち方一つで封じ込めることができます。即ち、精神面の装備を固めることです。そしてこの精神面の装備は、夢の実現以外の普段の生活においても強力な装備に成り得るのです。

そのために必要なモノは、普段の心掛けだけです。お金も時間も必要ありません。少しの期間で良いので実際に実践してみてください。そうすれば〝精神面の装備を固めるのは意外に容易い〟ということが解ってくるはずです。

3　目的が特定できない時

自身の夢を具体的に描くことさえできれば、目的地を定めそこに繋がる道を見つけ出すことは可能です。しかし会社に入った時の〝一人前の社会人になる〟といった決意のように、未来像を抽象的にしか描けない場合には、ハッキリとした目的地を見つけるのは困難です。そのような状況では、如何にしてモチベーションを育て維持すれば良いのでしょうか。この問題について少し考えてみましょう。

何度も繰り返しますが、〝目指す何か〟が定まらなければ、前に進むことはできません。どうしても進むべき方向が判らない、そんな時には仮の目的地を定めるのです。但し、仮とは言え少々のことでは変わらない場所を選ばなくてはいけません。なにせ自身の活動によって得られるベクトルの効果を揃えるための場所なのですから。

ではその地をどこに定めるのかと言えば、〝どうしてその目的地を目指すのかという理由〟です。社会人になった時の決意が変わらなければ、目指す理由である〝なぜそこを目指したいのか〃という思いはそうそう変わるのもではありません。特に〃入社時の志を持ち続けたい〃そう願うなら、最も適した目的地だと言えるでしょう。

具体的に何が仮の目的地に成り得るかを考えた場合、一般には、「人としての自身の成長」「自身の出世」「世界の平和」「（その会社における）力量アップ」など、人それぞれ様々な理由が思い浮かぶでしょう。その場合、自分自身が思いついた項目の中から最も自分に適した目的地をあなた自身が決めれば良いのです。

そうやって仮にでも目的地を明確にすることができたら、あとは日々のベクトルをその目的地に向ければいいだけです。

ここでは私が会社に入り定年で退職するまでの期間、私が目指した〃仕事上の目的地〃についてお話ししたいと思います。自身の目的地は「自身の力量をアップしたい！」でした。

簡単に力量アップと言っても、携わる仕事の内容によってその中身は異なります。しかし、身に付けるべきものは、技術にしろ知識にしろ、その会社における能力として必要なモノです。そう考えるとどのような職場に移ろうが、自ずと答えを得ることができます。

その考え方は、職場を異動した時に最も効力を発揮します。なぜなら、今まで企業の一員であったからこそ、その会社の企業方針は理解できているはずです。その大きな目的の中で自分に与えられた新たな仕事を思い浮かべた時、どのような結果を生み出せば良いのかという答えを見つけるのは容易いことです。

自身のベクトルを向ける方角さえ解れば、〝どのような能力を身に付けるべきか〟という問いの答えを見つけ出すのも難しい話ではありません。

当然、職場を異動するような大きな変化にぶつかると、そこでは不安や戸惑いなどのストレスを受けるでしょう。私は数年に一度の頻度で、職場異動の経験があります。その時ストレスが無かった訳ではありません。しかし、当時の私にとって新しい職場が未知の世界であったが故に、仕事が新鮮に感じられ不安からくるストレスよりも新しいことへの期待や興味の方が大きかったと記憶しています。

職場の異動は、いくらくよくよしても事態を変える役には立ちません。そのことを不可避な現実として受け入れるしかないのです。そう考えることができれば、自然と肝も据わって次の行動に移る意欲も湧いてくるのです。

進むべき方向さえ間違わなければ、必ず活動の先に得られるものがあります。そうして少しでも成長することができれば、成長した分仕事も楽に熟せるようになります。毎日繰り返す活動だからこそ、そんな自身の変化を感知することは容易なはずです。

特に新しい職場は馴れていないからこそ、活動のそこここに進化を感じ取るチャンスが転がっています。その時の気付きをうまく喜びに変えることができれば、ストレスなどにより下ったモチベーションも再び高い状態に上がるはずです。

多くの会社が数年単位で社員の異動を行うその理由は、未知の職場で新しい知識や技術に触れさせることにより、下ったモチベーションを上げるためなのだと思います。

もし入社から退職するまで職場が変わらなければ、新しいことに触れる機会が無くなります。そんなマンネリ化が蓄積すると働くことに対するモチベーションが失われてしまうかもしれないのです。

そんなモチベーションを上げるための会社の取り組みは、日々の生活にも応用ができます。やりたいことはあるが、その目的地が見つけられない。そんな悩みがあるのなら、なぜそれをしたいのかという〝何?〟を見つけ出すのです。たとえ今は夢が見つからなくても、取りあえずは仮の目的地に向かって歩むことを止めなければ、モチベーションを育てる活動ができるはずです。

4 旅の計画（私のスタイル）

一生を懸けて追い求めたいと思える「そんな夢なんて直ぐに見つかるはずはない」。そのような悩みを抱く人は沢山いるでしょう。しかし、夢が見つからないからと言って、何に対しても挑戦しないというのは少し考えものです。世間でよく言われるように「人生には限りがある」のですから、今の時間を有効に使わなくては勿体無いではありませんか。

今はまだ夢を見つけていない。それならば、大きな夢を追い求めず、先ず小さな計画を熟すことで目的を達成するために必要な技術や経験を磨いては如何でしょうか。

私は旅が好きです。鉄道好きだった父は「時刻表」なるものをよく買っていました。時刻表は、公共交通機関のルートや運転時刻を一冊の本にまとめたものです。従って、その本さえあれば日本全国の鉄道の時間を調べることができます。

小学生の頃、その本は私の仲の良い友でもありました。家に一人でいる時、時刻表を片手によく旅をしました。出発の時間を決め、気になった列車に乗り込み好きな所を旅するのです。そんな子供の頃の経験から、今でも旅をする時は事前に旅の計画を立てます。

私の旅の目的は、見たことが無い景色を見てその場の記憶を〝旅の感動〟として心に書きとめることです。ですから旅はくつろいだ気分で過ごせなくてはいけません。〝焦る〟とか〝悩む〟など、旅の中で負の感情が生まれないようにするのがマイルールです。

ですから旅の計画における攻略すべき敵は、時間ということになります。観光地を巡るための所要時間や移動の時間を、限られた日程の枠に有効且つ余裕を持って収納することを目指します。

それ故、計画を立てるのに必要なアイテムは、〝時間に関する情報〟と〝観光地に関する情報〟

〝移動手段〟など旅に関する情報です。当然、旅には〝予算〟というどうしても克服できない壁により行動範囲は限定されています。さしずめ旅で使うことのできる〝お金〟が己の限界ということになるのでしょう。

どんな計画でも良い結果が得られれば嬉しいものです。思った通りにことが運んでその結果に納得できれば、また次の計画を立てる意欲が湧きます。そうやって計画を立て満足な結果を得て次の計画に取り掛かるというポジティブな循環を作ることができれば、しめたものです。

そんなポジティブサイクルを作るには、失敗の少ないジャンルで計画を立てて練習するのが良策です。最近何をやってもうまくいかない、計画に慣れてないので自信が無い。そう思っている人は特に、多少不備があっても満足の得られる確率が高い〝旅〟や〝日々の娯楽〟〝食事会〟などのイベントの計画がいいでしょう。

問題になりそうな事柄を取り除くことや楽しいこと、嬉しいことなどプラスの部分を引き立たせるなどの段取りができる計画は〝望ましい結果を得るためのカラクリ〟です。その真実を理解できれば、あなたもきっと計画すること自体を好きになるでしょう。

第4章　PDCA

1　PDCAって何？

いくら理想的な計画を立てても、思ったように進まないのが現実です。理想は、立てた計画がすべてうまくいくことです。しかし、計画の中には、そのまま続ける価値を見出せないほど成果に繋がらないような場合もあるでしょう。そんな時、その計画に対して皆さんはどのような対応をされていますか。

とは言っても、個人的に計画を立てて進捗を管理しながら取り組みを行ったという経験を持つ人はほとんどいないでしょう。多くの人は、計画が終わってしまうと行ったことは直ぐに忘れ次の行動に移ってしまいます。

それが前の章で紹介した旅行やチョットしたイベントの計画ならまだしも、一生を懸けて叶えようとしている夢に関わる計画なら、その結果を評価しないのは非常に勿体無いことです。

過去の出来事はあとで悔やんでもどうすることもできません。いくら努力しても変えることはできないのです。しかし、過去の出来事を反省し、活動の内容を修正して再び挑戦することは可能です。過去は変えることはできませんが、未来はいくらでも変えることができるのです。

〝顧客のクレームは宝の山〟という言葉を、よく耳にしたことがあると思います。宝の山と言われる理由は、寄せられたクレームが顧客の考えと自分達の考え方とのギャップを気付かせてくれるからです。

クレームの内容を分析すれば、今まで気付かなかった色々なことが見つかります。その中から悪い部分をピックアップし、マイナスの要素を改善すれば顧客満足度の向上に繋がるのです。それに対して、自分達が取り組む計画についてはどうでしょう。自分達の行う計画の中には、結果に影響を与える気付きを教えてくれるような因子が存在すると思いますか。

結論からいうと、存在します。計画を実施し得られた結果がそうです。正しくその中に気付きのヒントが隠れています。

もう少し詳しく言えば計画の進捗状況や最終結果と、計画当初の目論見とを比較すれば現実と計画との間に横たわるギャップを見つけることができます。そのギャップこそが計画に潜んでいる長所や短所が残す痕跡なのです。

つまり〝自分が実施した活動が適切であったのか、もしくは不適切であったのか〟〝活動のどの部分が良かったのかどこが悪かったのか〃などのすべての疑問に対する答えが、計画を実行しそして得た結果そのものに詰め込まれているのです。

実施した計画の結果は、即ち実行した活動の通知簿と言えます。

それでは、どうすれば結果からそれら影響因子を見つけ出すことができるのでしょうか。それは、実行した計画のスタートから実施して得た成果に至るまで、すべての結果を分析することです。計画前の思惑と結果とのギャップさえ探し出すことができれば、結果に影響を与える因子を導き出すことができるはずです。

見つかった因子については、それが有効な因子なら長所をさらに強化すれば良いでしょう。逆にマイナスの因子であれば、削除するなどの改善を行うのです。

このようにして分析と改善を確実に実施すれば、次に取り組む計画では改善前の計画よりも遥かに大きな成果をあげることができます。

あなたの夢の実現には、どうしても獲得しなければいけないアイテムがあるはずです。しかし、ただ単に計画を立てただけでは、アイテムの獲得という目標の達成は非常に困難でしょう。単発で場当たり的な計画など、とんでもないことです。

皆さんはＰＤＣＡという呼び名を聞いたことがあるでしょうか。〝計画の結果というクレームの山から改善のヒントを見つけ出し、それを実施することによって計画の内容をバージョンアップして次の計画で大きな成果を得る〟そんな取り組みを指します。

ＰＤＣＡの説明として一般に〝「Ｐｌａｎ（計画）」「Ｄｏ（実行）」「Ｃｈｅｃｋ（評価）」「Ａｃｔｉｏｎ（改善）」の頭文字をとったもの〟とか、〝改善を含むシステム〟というような説明がなされています。

ＰＤＣＡについて書かれたものは多くあるのですが、〝どうして四つのパートに分けられているのか〟〝改善に繋げる因子を如何にして見つけるのか〟という内容まで説明しているものはほとんどありません。

この章では、途中の経過や結果からＰＤＣＡを使ってクレーム部分を見つけ改善に繋げる方法や、そこからどうやってステップアップすれば良いのかなどについて解説します。

ＰＤＣＡの各パーツの役割が理解できれば、四つに分ける理由やシステムの有効性が解るはずです。

2　自分に合わせたプランの実行（ＰＤＣＡの進め方）

①プラン作り（Ｐ）

立てた計画がうまくいってほしいと願うのは、誰しも同じです。夢を実現するために目標の達成が不可欠であれば、なおさら途中で諦める訳にはいきません。たとえ一度や二度失敗しても、〝めげずに前に進む〟という気概が必要です。目的を達成するためには問題が発生する都度、自らがその原因を見つけ出し解決しながら先に進まなければいけないのです。

問題を抽出し改善する一連の手段として、ＰＤＣＡを採用している会社があります。そこで実際にＰＤＣＡを経験したという人もいるでしょう。このためＰＤＣＡは、一般的に組織で採用する考え方だと認識されています。

しかし、組織でＰＤＣＡを採用する場合、所帯が大きいが故の問題があります。それはフットワークが悪いこと。計画に問題があったとしても、その原因を見つけるための評価や改善は年に一度、短くても四半期に一度の頻度でしか行うことができないのです。

それに比べて、個人の場合には計画が行き詰まったと感じた時点で直ぐに評価を行うことができます。問題が生じた時点で即時対策を講じることができるのです。そこで原因が発見できれば計画への影響を最小限に抑えることができます。

私はこの問題発見から改善までのフットワークの良さ故、ＰＤＣＡは個人の活動に向いていると考えています。

それでは個人がＰＤＣＡを参考にして計画を進めるには、どのようにすれば良いのでしょうか。

先ず初めにやるべきこととは、自分と周囲の人との関わりや自分の置かれた環境を把握することです。

そう言うと、「夢は周囲の都合に影響されるものではない」と異を唱える方も多いかもしれません。
確かにわき目もふらず夢に向かって突き進むことは、カッコいいことなのかもしれません。しかし、自分の置かれた状況を顧みることをせず無理やり苦難に立ち向かうのは、非常に愚かなことだと言えます。無謀なだけの行為は単に得られるはずのものを掴み損ねるだけではなく、周囲に迷惑をかける原因にもなります。

ですから、無駄に不利な状況を作り出さないために〝自分が進めようとする計画が周囲にどのような影響を与えるのか〟〝自分を取り巻く環境が計画にどのように関係するのか〟といったことについて事前に知っておく必要があるのです。

PDCAは見つけた問題を見直し改善に繋げるシステムです。しかし、自分を取り巻く環境、特に自身に関連する人達との関係は複雑です。さらに人は忘れる生物だと言われています。単に頭の中に思い描くだけで、それら関係するすべてを把握し記憶しておくことは無理でしょう。評価を行なおうとした時、どのような理由で今の計画に至ったのかを忘れてしまっていては問題の原因を見つけることができなくなります。
そこでPDCAを実践するのなら、少し面倒ではありますが、プランニングの一連の作業を文章や図などを使って実際に書き出すことをお勧めします。あとで行う評価に備え、記録として残しておくためです。

プランニングは次のステップ１からステップ４の順番に進めてゆきます。

ステップ１＜自分を取り巻く環境の把握＞

・自分自身の状況……活動につぎ込める時間
・金銭的状況
・家族を含めた関係者との関係……協力者の有無、妨害者の有無
・今の社会状況……社会の動き（目的との関係）、社会変化のスピード

等々。

自分が計画を進める時に関わってくるであろう上記の項目について、今の状況を日記やノートなどを利用してあとで見返せるように書き出しておきます。

自分の置かれた状況（有利な状況・不利な状況、問題点、活動する上でのチャンスやリスクなど）についてもピックアップします。また自分の性格、例えば飽きっぽいのか我慢強いのか、

詰は甘いのか慎重なのかについても記載しておきましょう。

自己判断で構わないので、関係すると思われる項目についてすべて記録しておいてください。文書化することによって、自分の置かれた今の状況を客観的に認識できます。

ステップ2〈夢を叶えるために必要なアイテム（計画を立てて達成すべき目標）の抽出〉

自分を取り巻く状況の把握が完了したら、次に〝夢を実現するためにどんなアイテムが必要なのか？〟を書き出します。

必要なアイテムとは自身の知識や技術、協力者や道具類等、夢の実現のために必要なすべてのモノです。

夢の実現のために必要だと思われるものについては、どんなに小さなモノでも、ことでも構いません。思いつくままにすべてを書き出しましょう。

知識・資料・（一日の中の）活動に使う時間、協力者（仲間）、自分の技術、お金、作業場、専門の道具など。

そうして必要なアイテムを書き出したら、次は一つひとつについて入手や強化の必要性について考えます。

具体的には、その中に〝既に持っているモノはあるか？　それは強化が必要か？〟〝新たに手に入れなければいけないアイテムは何か？〟を考え選別するのです。

既に身に付けている能力や技術が夢の実現に充分なレベルに達しているのであれば、所持済み能力として目標の中から除外します。但し、それが既に身に付けている技能であったとしても何らかの強化が必要だと思えるのであるのなら、その項目もリストに残しておきましょう。

ステップ2での考察の基本となるのは目的です。アイテムとして書き出したものについて〝何のために必要なのか〟〝それをどのように使用するのか〟目的に照らし合わせもう一度シッカリと考えます。

夢が実現のものとなりいざ使おうとした時、充分だと思っていた機能性やレベルが実は不充分であったとしたら、せっかく手に入れたアイテムだとしても役に立ちません。

ましてや今使うつもりの道具なのに〝実際に使う段階で、実は別の用途で使う道具だった〟などという失敗があってはならないのです。そのような失敗を起こさないために、計画を立てる時点で目標についてできる限り詳しい内容を認識し、アイテムの機能性やレベルについての妥当性を理解しておく必要があるのです。

そうして残った項目すべてが取得計画を立てて手に入れなければいけないアイテム、即ち攻略しなければいけない目標になります。

と言っても計画のスタート時点では、本当に必要なアイテムすべてを正確にピックアップするのは不可能でしょう。

目的を達成するための活動を続ける間にも、状況は変わるはずです。状況の変化に伴い必要なアイテムが変わることもあるでしょう。状況が変われば速やかにアイテムの入れ替えを行わなければいけません。ですから攻略すべき目標の記入欄については少し余白を空けておき、常に付け足せるようにしておきます。

ステップ３＜攻略方法の決定＞

計画を進めるためには、目標とその達成方法の二つが必要です。ステップ２で目標が決まったので、次はそれをどうやって達成するのかその具体的な行動手段である〝方策〟を決定しなければいけません。

方策とは、目標を達成するために〝何がどうなれば良いのか〟ということを考えた時、その変化を発生させるために自身が行うべき〝具体的な行動〟のことを言います。つまり、望む結果を得るために〝自分は何をすべきか？〟という問いの答えが方策なのです。

方策を決定するために必要な〝何がどうなれば良いのか〟については、ステップ2で充分に考えました。もしも忘れたことがあるのなら、それらのことを記入した手帳やノートをもう一度読み直すと良いでしょう。その上で目標達成のために〝自分は何ができるのか？〟〝自分は何をすべきか？〟を考えます。

例えば何かの専門職に就くための知識を得るのが目標であるのなら、知識を修得するための手段を考えます。方法として専門学校への入学、通信教育の利用あるいは独学という方法もあるでしょう。それらの中から目標地点に到達するために、どのルートを採用すれば良いかを決めます。

先ほどの〝何がどうなれば良いのか〟とは、自身の知識をその職業に就くことに相応しいレベルにまで高めるということです。そう考えた時に、いくつかある選択可能なルートの内どのルートを選べば良いのかを考えます。その時に、ステップ2で書き出した自身の状況も加味しましょう。

判断材料として、金銭的な余裕、時間的な問題、その手段を採用できる環境に自分は置かれているのか。それらのことを複合的に考える必要があります。さらに、自分の性格も考慮する必要があるでしょう。例えば、自分は飽きやすい性格なので自分一人で取り組むと直ぐにさぼり癖が出てしまうという恐れがあるのなら、学校や訓練所などの教育機関に入会し強制的に修行するのも有効な手段だと言えます。

周囲の環境に影響されやすい性格ならば、集団の中での学習が良いのかもしれません。その場合、仲間の存在が励みにもなるでしょう。ちゃんとした教育機関を利用すれば、何よりもカリキュラムが計画的に組まれているので効率的にアイテムの修得ができるはずです。どのようなルートを採用すれば良いのか、人それぞれに違うはずです。周囲からのノイズに惑わされることなく、本当に自分に合ったルートを見つける必要があります。そのためには、主役である自分自身と取り巻く環境をじっくりと見つめる必要があるのです。

ステップ4〈評価方法の決定〉

装備しなければならないアイテムが決まりその入手ルートとその方策が決まれば、次に必要なことは修得したアイテムの評価方法を考えます。即ち、修得したいアイテムの計量機能の設定です。
ここでの評価方法とは、最終の評価だけではありません。計画の途中でどこまで修得が進んでいるか、計画の途中における自身の現在位置を確認するための方法でもあります。

陸上や水泳などの競技であるなら、記録タイムなどが該当します。英語の学力なら、TOEICのスコア等でも構いません。できるだけ具体的で判りやすいものが良いでしょう。取り組みの途中におけるチェック手段を持つことは、計画を進めるためには不可欠なことです。その理由は、現在までの達成状況を正確に把握すれば〝あとどれだけ前進すれば良いのか〟〝達成するにはあと何が必要なのか〟を正確に知ることができます。そうすることでその後の計画をより効率的に推し進めることができるのです。

しかし、アイテムの中には工芸の技術や趣味の世界における知識等、どうしても具体的な評価の方法が示せないものも多々あります。その場合は、プラン作りの段階では無理に考える必要はありません。
詳しくは第6章で記述しますが、技能やそれに伴う知識などについては実際にその技を習得する中で当の本人のレベルが高くなるのに伴い、自ずと解ってくるものもあるからです。

このレベル評価の方法を予め考えておくということは、ＰＤＣＡの計画を進める中で特に重要な、途中の〝改善の機会〟を作るという意味から外すことのできない作業です。

② 実行（D）

プランが決まったら、次は実行です。

選んだ方策が良かったのかどうかは、実際にその結果を確認しなければ解りません。良かれと思って選んでも、実は自分に合っていなかったということがよくあります。その場合、あとで述べる修正を行う必要があるのですが、その修正を正しく行うために実行の段階でやっておかなければいけないことがあります。

それは自分の行った活動の記録を残すということです。企業で計画を実行する場合には何をどう行うのか、それがどんな結果になったのかすべて記録します。

個人の場合にはそこまで細かな記録を残すことはできませんが、少なくともあとから自分の活動を振り返って確認する時のために参考になる資料は残しておきたいものです。資料としては写真や音声など何でも構いません。メモ程度で良いので実行時の記憶を呼び戻せる最低限のものを残したいものです。

例えば工芸の世界を例に取って言えば、自分の作品に日付を残しておけば自分の技術がどう伸びていったかが判ります。それに合わせて日記を付けておけば、その時の気付きやひらめき、師匠から教わったことや自分で改善したこと等、自分の技量の変化と作品の関係をあとで照らし合わせることができるでしょう。

専門学校などの教育機関では、自分で作らなくても記録は作成され本人に通知されます。それらの記録をあとで見返すことができる状態で保管すれば良いでしょう。

テストの結果や成績書なら、その記録の片隅にその時気付いた反省点や良かったこと等をメモしておくのも良いでしょう。あとから追記した文字が、その時の後悔や反省の念を鮮明に蘇らせるはずです。

どのようにして活動の記録を残すのかが決まれば、計画をスタートさせます。実際に計画を進めてみることで、立てた計画の良いところや悪いところが見えてきます。

企業が計画を行う場合、その計画には必ず期限を設けます。なぜなら、計画は実行してみないとそれが本当に良いのか悪いのかが判らないからです。ビジネスの世界は時間との闘いです。全く効果が得られない計画を無駄に続ける暇はありません。それ故、必要最低限の期間で計画を区切って、その期間内で実施した計画の結果を評価するのです。

今の計画を続けるのか、それとも直ぐに内容を修正した新たな計画に進むのか。期限を区切ること自体が、即ち企業の業績を左右する要素になるのです。

しかし、個人の計画では、状況は異なります。時間経過はさほど重要ではなく、それよりもどれだけ良い結果を出せたかという成果の方が重要です。そのためには、時間を惜しんで無駄に期限を設けるよりも、必要なアイテムの修得に精進することの方が重要なのです。

人が活動する時、モチベーションが上がると成果があがる速度は早くなります。期間を切らずとも、自分自身の興味や気持ちの持ち方で効率良く目標に到達できることもあるのです。逆に時間に余裕がありすぎると無駄に時間を潰してしまうこともあります。

期限を切ることで発生する失敗の多くは、アイテムを充分に自分のものにすることができない状態で修得を打ち切ることに起因します。その時に修得したアイテムの機能が不充分なため実際の使用で役に立たないからです。

そのような失敗を起こさないためにも、計画の進み具合が遅くなったと感じた時には期限とは関係なく一度立ち止まり、アイテムの修得状況を見直すことが必要です。その場合には〝それまでにどれだけの成果を挙げられたのか〟という判断が必要になります。

その判断を正確に実施するためには、次にお話しするチェックという作業をシッカリと行う必要があるのです。

③チェック（評価を行う意味）

ＰＤＣＡのＣはチェック（評価）です。

どんな計画においても経過や結果の確認は必要です。目論見に対し進捗がどの程度なのかという確認は必ず行います。中でもＰＤＣＡで特に重要とされるのは、〝計画が予定通りの成果を出せているのか〟という有効性の有無についての判断です。

例えばある商品の販売計画があったとして、その進捗の成果が半期の目標額を１・２倍上回ったとします。この時点では目標値に対して充分クリアしているので、数値的には文句の無いところです。通常は「良かった」という判断が下されると、そこで評価は終了します。そして前半の取り組みの内容が修正されることなく、後半がスタートするのです。

しかし、ＰＤＣＡの場合、それでは評価の役割を果たしていないと判断されます。その理由は、前半の取り組みの中の〝成果が上がった理由は何か〟〝何が足を引っ張ったのか〟という項目の洗い出しがなされていないからです。

この章の最初に書いたように〝結果はそれまでに実施した計画の通知簿〟です。すべての項目が完璧な計画など存在しません。どんな計画にも、どこかに欠点はあるのです。

結果をシッカリとチェックし内容を解析すると、それまでに行った計画の〝良い点〟や〝悪い点〟が必ず見つけられるはずです。

そうして見つけた〝良い点〟については、強化を行うことで有効性がさらに増すはずです。片や、〝悪い点〟は後半で悪影響を及ぼさないように修正する必要があります。もしも、それらの改善が思惑通りの効果を挙げたのなら、後半は前半よりもはるかに大きな成果を得ることができるでしょう。

ＰＤＣＡにおいての評価とは、成果に影響を与える要因を見つけ、その効果を最大限良い方向に引き伸ばすための儀式だと言えます。チェックにより見つけた〝取り組みの成果〟に繋がるポイントを改善することで有効性の変曲点をつくり、得られる結果をより理想に近づけるための作業なのです。

企業においては、すべての部署がスケジュールを合わせて計画を進めます。その理由は、各部が勝手に計画を進めてしまうと評価やアクションの時期がバラバラになり、情報の共有や問題の周知ができなくなるからです。

そうならないためには、足並みを揃える必要があります。スケジュールを合わせることで、新たに表面化した課題に対しても全員のベクトルを合わせて立ち向かうことができるのです。

それに対して、単独活動である個人の場合には期限を切る必要はありません。なぜなら、評価は当の本人が必要とするタイミングで実施すれば良いからです。下手に期限を切らないことで、逆に最も改善の効果が期待できるタイミングに合わせて評価を行うことができるのです。

例えば活動内容の成績が一定の期間で出るのなら、成績が出たその時が評価のタイミングだと言えます。当人が不具合や違和感による行き詰まりを感じた時などもベストのタイミングなのかもしれません。

今行っている取り組みが思うような成果に繋がらない。どうも計画が自分の感性と合わない。活動の中でそのような感覚を抱くということは、計画のどこかに不具合が発生している証拠です。このように当の本人が閉塞感や不具合を感じた時が、計画の中に隠れる問題を発見する絶好のチャンスだと言えるのです。

では計画の中に潜む問題をうまく発見するための評価とは、どのようなところにポイントを置けば良いのでしょうか。

例えば自身の成績を伸ばす計画の中で、英語の成績が足を引っ張っていると解ったとします。

その場合には、当然英語を強化すべきです。中でもウイークポイントとなっているのが文法であると判れば、そこを重点的に特訓することです。このように成果をあげるためには、カギとなる部分を見つけ出しその部分を重点的に改善するのです。

スポーツにおいて〝体力〟〝コンディショニング〟〝技法〟〝栄養学〟などの中で、コンディショニングの知識を高めることが最も効果的に結果に結び付くのなら、コンディショニングについて学ぶことが先決です。そうして新しい知識を充分に織り込んだトレーニング方法に変更することで、より高い効果を目指すべきです。

要約すると、初めに効果の妨げとなる部分を改善します。次に修正することでより良い結果が得られると思われる因子についても、可能な範囲で改善を加えます。そうして改良した計画を実行すれば自ずと成果が得られるのです。

チェックのポイントは活動の成果を左右する因子を見つけ出すタイミングを逃さないこと。計画がうまく進んでいない場合はもちろん、計画が順調であったとしても必ずなにがしかの改善点が見つかるはずです。

更に意識しておくことは〝評価は反省をするために行うものではない〟ということです。評価とは、〝今できることは何なのか？〟ということを自分に問い直すための機会なのです。

そのための評価の基本は、〝冷静な心〟で現実を見つめることです。感情的に結果を見てしまうと、見つかるはずの問題も見逃してしまうことがあります。そうならないためには、第三者的に評価を行うという心構えが必要なのです。そうすることで、結果に対して正確な判断を下すことができ、状況に適した改善に繋げることができます。

④アクション（改善）

アクションで行うべきことは次の三つです。

（1）チェックで見つかった成果と失敗から結果に影響する因子を探り出し、前回よりも大きな成果を得るための改善を行う

（2）計画を実行する中で発見されたシステムの不具合を良好な状態に改める

（3）不具合によって発生した被害の最小化を行う（問題処理と再発防止）

評価の実施で結果に影響する因子や問題の解決策を運よく見つけることができれば直ぐに次の計画に進むことができます。しかし、いくら詳細にチェックを行っても因子を見つけ出せない場合もあります。せっかくチェックを実施してもそれを改善に繋げられなければＰＤＣＡは成り立ちません。

どうしても改善点が見つからないその原因に、チェックを行っている範囲の中に求める因子が存在しない可能性があります。

世界の情勢は目まぐるしく変化します。極端な話、1年で環境は変わるのです。それに伴い自身の夢に対する思いが変わることもあるでしょう。もしかしたら、自分の目指そうとしている方向も、本人が気付かないうちに変わってしまっているのかもしれないのです。

もしも、計画のインプットに関わる部分が変わっていたとすれば、いくらチェックを行ったとしても求める因子を見つけることはできません。なぜなら、インプットに関係する変化は③のチェックでは確認できないからです。

プランニングの最初に確認した〝自分を取り巻く環境〟の部分が変化した場合、〝目論見と結果〟だけをいくら見つめても、問題を見つけ出すことは不可能です。この場合には、計画の最初に立ち戻って、インプットの所から計画を見直す必要があるのです。

新たな計画を始めるに当たり、計画の基本となるターゲットが既に違う所に移ってしまっていたのでは、いくら努力しても成果は得られません。そのまま計画を続けること自体、無駄な努力だと言えます。

目的を達成するために始めた計画であるからこそ、その目的の移動に合わせて今の状況を見直すことが必要なのです。その場合、①でプランを考えた時に確認した内容の中から特に次の二つを中心に見直しを行います。

これまでに残した記録を合わせて確認すれば、計画のどこが変わったかという判断は容易に付くはずです。

A　目的の変化（目的は変わらないか？）

先に述べた通り、人は進化します。自身の知識や技術の向上により、考え方が変わるのです。

そんな変化に反応して、最初に掲げた目標も次第に陳腐化してしまいます。それが〝それまで掲げていた目的や目標では物足りなくなる〟という心の変化が起きる理由です。自身が力量をあげるほどに、新しい世界を知ることができます。

今まで目指していた場所より更なる高みがあることが判れば、当然その場所を目指したいという欲望が湧き起こるでしょう。今まで集中できたのに、それができなくなった。その理由は自分の目指す場所が以前とは少し違う所に移ったのが原因なのかもしれません。

さらに自身の変化以外に、周囲の環境が変わる場合もあります。今まで目的としてきたことが、世の中のトレンドの変化により陳腐化する場合です。

例えば、近年の技術の進歩は凄まじく、開発競争は激しさを増しています。アートの世界では、体験型やプロジェクションマッピングなど著しく進化しています。

新しい目的の中にそれまでのアナログだけの選択から、3D画像の活用やさらにはメタバースなど、新たに選択の範囲が広がることによって求めるモノも変わるのは当然のことです。

B　目標に関わる変化（必要なアイテムのレベルの変化、修得すべきアイテムの変化）

修得しようとするアイテムに課す目標については、今現在自分が身に付けているレベルが高ければ高いほど正確で詳細な見極めができるようになります。今までの目標が低すぎたとか、逆に過剰に考えていたなど再考することで、目標の修正が必要になるのです。

夢を追い求める活動の中で目的を同じくする仲間が増えた時など、それまで単独で取得するつもりでいた目標に関して、仲間と協力することにより自身で用意しなくてもよくなる場合があります。アイテムの一部を協力者と補完することで、必要なアイテムを得る機会もあるでしょう。

以上の項目について確認を行いどこかに計画当初との相違が見つかれば、インプットの条件を見直す必要があります。

新しいインプットの条件が決まれば、次の①から③の項目に留意して計画を修正すればいいのです。

① 目標をより高くかかげる

② 活動の環境が変化したのなら、新しい環境に合わせた状態に計画を改める

③方策の方向を新たな目標に向ける

こうしてアクションが終了したら、新しい目標の達成のための計画を始めます。このようにPDCAを繰り返すことによって、着実に計画のレベルを高め、最終的に目的に適うアイテムを獲得するのです。

希望する夢が大きいほど、アイテムを完全なものにするには長い時間がかかります。今行っている活動が陳腐化し修正が必要となることもあるはずです。途中で新たな計画に移らなければならないこともあるでしょう。

しかし、今の計画がダメだからと言って目標を達成しないまま実行中の計画を止めることを繰り返すと、途中で物事を投げ出すという好ましくない癖が付いてしまいます。そんな悪い癖を付けないためには、何を行うにしても意識して区切りを付けることが肝要です。

PDCAのシステムにおける〝チェックとアクションの工程も毎回必ず実施する〟こと、それが活動の区切りになり現在の立ち位置を再認識する良い機会になります。さらに、気持ちもリセットし、新たな気持ちで次の計画をスタートさせることができるのです。

現在の立ち位置とは、次の計画のスタンダード（開始前の状況）です。次の計画で評価を行う時には、修正を加えた後のアクションが本当に有効であったかを正しく確認できなければいけません。そのためにもシッカリと〝今〟を認識しておく必要があるのです。

プランから改善までの一連の工程を繰り返す行為を、〝ＰＤＣＡを廻す〟という言い方をします。このようにＰＤＣＡとは、計画をより良いものへとステップアップさせる作業です。

目標達成へと続く階段の一段一段の立ち位置をシッカリと確認することで、各取り組みの効果を正しく評価することがＰＤＣＡを有効に活用する極意なのです。

第5章 問題解決のテクニック

1　問題と課題の関係

ＰＤＣＡを進める過程で克服すべき問題が見つかったとしても、実際にその問題を解決するのはそう簡単なことではありません。それどころか〝具体的な取り組み方法が見付からない〟〝問題は解っても、それに対応する対策が思い浮かばない〟など対応策を探すことに苦慮した挙句行き詰まってしまうことさえあります。

しかしそんな時でも対応策が見つけられない理由を理解しうまく問題と向き合えば、解決の糸口が見えてくるのです。

皆さんは、問題と課題を混同していませんか？

そもそも、問題と課題とを区別して考えたことがあるでしょうか？

〝問題〟とは、理想と現実との間にギャップが存在することです。

課題とは、そのギャップを埋めるために〝取り組まなければならないこと〟、つまり現実を改善するためのハードルのことです。

通常問題を解決する場合、単に問題を見つめるだけでは何も改善しません。問題を解決するためには、ギャップを生む要因が何かを見つけ、その要因を改善するための課題を克服しなければいけないのです。つまり、理想と現実との間に存在するギャップを埋めることで初めて、問題が解決されるのです。

それでは実際にどんな手順で問題を解決すればいいのでしょうか。そのことを解りやすく説明するのに次のような例がよく使われます。

あなたは、教師です。そして、ある中学校の2年生を担当する学年団の一人だとします。

年度の初めに、あなたが担当する2年生全体の総合成績が全国平均と比べ若干低いことが解りました。そこで2年生を担当する教師全員が集まり対策会議を開いたのです。

この会議で取りあげる問題は、担当する学年の総合成績と全国平均との間にギャップが存在することです。その問題を解決するために、何らかの対策を打ち出したいのですが、ただ〝ギャップが在る〟という認識だけでは具体的な対策までは浮かんできません。

そこで、明らかになっている問題をさらに掘り下げることにしました。すると、学年全体で英語の成績を20点押し上げれば、総合成績で全国平均を上回ることができるということが分かったのです。

英語の20点の押し上げは、全国平均と比べても高い得点を目指すことになります。しかし、目標の達成は十分に可能であるとの判断から、参加者全員の賛成により可決しました。

こうして課題が決定したのですが、まだ具体策として何をするのかは決まっていません。先にも述べましたが、課題は克服すべきハードルを示す言葉で対策そのものではないのです。

計画を有効なものにするためには具体的な行動プランが必要です。そこからさらに検討を重ね、いくつかの具体策を行うことが決まりました。それが以下に示した〝方策〟です。

＜実施する方策＞

1 毎週、基本構文をいくつかピックアップし、学年全員に暗記させる（その補助策として、週一回補習授業を行う）

2 前に覚えた構文を使って英文の連絡事項を一日に一つ作成し、ホームルーム時に生徒全員に周知する

3 昼休みの15分間、解らないところがある生徒のために、教職員に聞きに来られる〝質問の時間〟を設ける

以上のことをまとめると、
問題は〝理想と現実とのギャップ〟、学年の総合成績が全国平均より低いことです。

課題は、ギャップを埋めるための取り組み。即ち現状より英語の学年平均点を20点アップすることです。

ここで注目してもらいたいことは、設定した課題には目標に必要な計測機能（数値という評価手段）もちゃんと備わっています。

方策は、〝英語の学年平均を20点アップする〟という課題を実現するために実施する具体的な取り組みのこと。

ここで計画を立てる時の手順を、もう一度おさらいしておきましょう。
（1）問題を明確にする。

（2）問題の中に潜むギャップを見つけ出し、そのギャップを埋めるための課題（方法）を設定する
（3）課題が決まれば、その達成基準である目標値を決める
（4）課題を克服するための具体的な対策（方策）を決め、それを実行する

このように問題を解決するには、〝問題〟〝課題〟〝方策〟の三つを明確にする必要があります。そのためにはこれらの役割をハッキリ認識しておく必要があるのです。

その上でこの手順に従って取り組みを行えば、どのような問題に直面しても解決への道筋を見つけることができるでしょう。

方策即ち〝具体的にデキルこと（やるべきこと）〟にまで辿り着ければ、あとは実行あるのみです。

2　あるべき姿～問題の見つけ方～

問題と課題との関係をシッカリと認識したところで、先ずはどうすれば問題を見つけられるか考えてみましょう。人が計画を進める中、〝問題を見つける〟という滑り出しの所で壁にぶつかる場面が意外に多くあります。

何が問題なのかが解らないのは、〝問題を見つける力が無い〟訳ではありません。単に〝問題に気付くコツ〟を知らないだけなのです。

自分はどんな活動がしたいのか？
何を成し遂げたいのか？
目的を達成した時の自分は、どうあってほしいか？
自分自身や、周囲の人との関係はどうあるべきか？

計画を始めた時、上記のそれぞれの項目についてシッカリと意識して、今の状況や今後どのようになりたいのかという未来像について想像してきたはずです。それならば、これらの項目にすべて満足した時の理想の姿についても、心の中にイメージができているのではないでしょうか。

皆さんも〝あるべき姿〟という言葉を一度は聞いたことがあると思います。この〝あるべき姿〟こそが、目的達成に必要なすべての目標をクリアした時の理想像なのです。

どんなジャンルにおいても、一流になるためには子供の頃から始める必要があるのだと言われています。有名なスポーツ選手の多くが、小学生の時やそれ以前から目指す競技に取り組むことで頭角を現します。

人が能力を伸ばすためには、〝才能〟という特別な資質が必要です。しかし、それ以前に最も必要な〝もの〟があります。それは自分がどのようになりたいのかという目的です。

子供の頃に努力して才能を開花させることができたその理由は、テレビに出ているような一流選手になるという明確な目的があったからです。しかし、大人はひねている分、子供のように有名選手に憧れるだけでは目的を見つけることができません。

大人が理想の目的を見つけるためには、理論的に作り出す必要があるのです。その理想の姿こそが〝あるべき姿〟です。

問題の所在がどこなのかが判らない、その理由の多くが目指す所に対して迷いがあるからです。それでは、迷わないためにはどうすればいいのでしょうか。
そのためには、目的をできるだけ明確に定める必要があります。即ち〝あるべき姿〟をできるだけ鮮明に思い描くことです。

心の中にあるべき姿を描き出すことができれば、次は実際に問題を見つけ出す作業の番です。

仮にあなたの心の中に、あるべき姿が描き出されているとしましょう。片や目の前には、現実の世界が広がっています。つまり、現実の世界に生きる自分が存在しています。
この異なる二人の自分をジックリと見比べれば、両者のどこが違うのかが判るはずです。

所謂《いわゆる》〝間違い探しパズル〟とか〝間違い探しプリント〟とか呼ばれているゲームがあります。新聞や雑誌にたまに載っているところの、二つの絵の中から違いを見つけ出すパズルです。
そのパズルを解く要領で、知識やスキル、必要なアイテムなどに注目し、あるべき姿と現実の姿とを重ね合わせ、両者の間にあるギャップを見つけてください。

未来の自分が活動するためには、どんな知識、技術、スキル、経験が必要か？
自分が成し遂げたいことを実現するには、新たにどんなアイテムが必要か？
目的を達成するために、削除するものは何か？

双方をよく見て、比べて、どこに差があるのか違いを探します。違いが見付かれば、その違いが〝あるべき姿〟と〝現実の姿〟とのギャップ、即ち解決すべき問題です。

どうでしょうか。問題を見つけることができましたか。
こうして問題が見つかれば、次にそのギャップが生まれる原因を探ります。
以下は問題を解決する手順です。

ギャップを生み出している原因は何かが判れば、次はその原因を解消しなければいけません。
そのための手段、それが克服すべき課題ということになります。

克服するための課題が見つかったら、どのような方策を用いてそれを解決するのかを考えます。方策が決まれば、あとはＰＤＣＡに沿って取り組みを行うのです。

何だか遠回しな問題解決の手段に思えるでしょうが、この手順が一番確実に問題を解消する方法なのです。

3　問題攻略のコツ

解決すべき問題を見つけたあとは、その問題から課題を見つけ実際に取り組む必要があります。しかし、課題を見つけても肝心の方策まで辿り着かないこともしばしばあるのです。

対策はある問題を解決するための手段や方法のことです。それに対し方策とは、本当に自分が獲得したいアイテムを得るための具体的な行動内容でなくてはいけません。

しかし、簡単に有効な方策が見つかるのなら、すべての人が直ぐに夢や希望を叶えてしまうはずです。そうなると〝夢が叶う〟ということが当たり前すぎて、叶えるということの価値すら無くなってしまうかもしれません。

ところが極めつきの方策は、簡単に見つからないのが現実です。そのため難解な課題を克服し夢を実現する人はそう多くはいないのです。そんな中、難解なハードルを悩みながらも乗り越えて夢や希望を叶える人達がいるのも事実です。

その中の一人が、ある番組の中で「課題を解決するヒントは、どこにでもコロガッテいるのだ」と主張していました。その人はどこかの家電系ベンチャー企業の社長さんだったと記憶しています。

彼曰く、「新しい家電を考えるのに、今ある家電の機能に対し〝さらにこんな機能もあればいいのに！〟というイメージを想像させると、自然と答えが浮かんでくる」のだそうです。「どこにでもその答えはコロガッテいる」とは、カリスマ経営者や名物社長と呼ばれる限られた人達がたびたび口にする言葉です。

以前の私には、そんな言葉を聞いても「特別な才能の持ち主しか言えない言葉だ」としか思えませんでした。

しかし、最近この言葉が〝特別な人しか発することができない言葉〟ではないのだということが少し判ってきたのです。つまり、解決のヒントを見つけるのには、コツがあるのだということが解ってきました。

その答えとは、〝単にぼんやりと問題を捉えていたのでは何も解決しない〟ということです。具体的にどうすれば良いのかと言えば、まな板の上に課題をのせて細かく切り刻んでゆくのです。

通常困難な課題は、いくつもの課題が折り重なりながら絡み合っています。従って、解決しようと思っても異なる課題の断面が同時に目に入ってしまうのです。目に入るそれらの断面から正しい答えを得ること自体、不可能なことです。

ではどうすればいいのでしょうか。その答えは、複雑に絡み合った課題を単体にまで解きほぐすことです。

例えば、〝生活に便利な品物を開発したい〟と願ったとしましょう。

〝生活に便利な品物〟とだけのボンヤリした問題設定では、いくら考えても、自分が接した中にヒントがあっても、多分それをヒントとして気付くことは叶わないでしょう。

私事ですが、自分の部屋の机に座り勉強していると、時々鉛筆が机と接する壁との間から転がり落ちることがありました。

机は、部屋の角に設置しています。机の正面と右側に壁がくる配置です。

机の上には左から、デスクスタンド・パソコン・数冊の本・小物入れ（三段の引き出し式）などを置いています。

鉛筆などが落下するのは、机の右側からです。書きものをする途中でコーヒーを飲んだり、スマホをいじったり、パソコンで調べものや気分転換をするため、手に持っていた鉛筆を横に置くとたまに転がり落ちます。

当然鉛筆立てはあるのでそれに立てかければ問題は起こらないのですが、面倒でつい右の壁際に置いてしまうのです。

近頃は携帯電話やスマホ、それらの充電器、挙句の果てに延長コードのタップまで置いているため右の置場がゴチャゴチャとしています。そして、足元のコンセントからその電気コードを壁と机の隙間を通して引っ張り上げているため、常に壁際に隙間が生じている原因になっているのです。それゆえ余計に物が落ちる確率が増してしまいました。

そうかと言ってそれらの小物を他所に移そうとは思わないところが、自分の欠点であり、横着なところです。

そんな時、壁と机の隙間に物が落ちても、煩わしい行動（つまり床に落とした物を探して拾い上げる行動）をしなくても良いような手段はないかと考えたのです。つまり壁との隙間を滑りぬけた物を床まで落とさず、その手前で留める何らかの手段です。

そう考えた時に目に入ったのが、ブックエンドでした。即ち、机と壁の間にブックエンドのようなものを置いて隙間を塞げば、物が転がっても床まで落ちることはありません。

壁と机の間に〝その隙間から落ちた物を受け止めるような溝を取り付けておけば良いのでは〟と思いついたのです。

そう考えて作ったのが、壁と机の隙間に挟み込む３㎝程度の溝をつけた段ボール製のブックエンドもどきのポケットです。

普段は、鉛筆や消しゴム、携帯電話の充電コードなどの小物を、わざとそのポケットの中に落とし込んでいます。初めからポケットに落としておくことで、床まで落ちてしまう心配や必要な時にそれらを探す煩わしさまでもが無くなりました。

余談になりましたが、〝巷にコロガッテいる解決のヒント〟を見つける確率を高めるのは、問題を絞ることなのです。

毛利元就の三本の矢を御存知でしょうか。戦国の武将毛利元就が、彼の三人の息子に、「一本の矢では簡単に折れるが、三本束ねると容易に折れない、このように三人が結束して毛利家を守ってほしい」と言ったという逸話です。

難解な問題はこれと同じです。解決すべき〝なぜ〟や〝どうして〟などの幾つかの〝課題〟が複雑に絡まっているため、一つひとつは難しくなくてもそのままでは一筋縄ではいかない難問となっているのです。

それならば三本の矢の逆バージョンで問題を解決すれば良いのです。多少面倒ではありますが、難解な問題はより簡単に解けるところまで細分化します。つまり、単体の〝何〟にまで切り分け、そこから一つひとつ拾い出して順番に解決してゆく。その手法が解決不可能と思える問題を克服する確実な手段になります。

４　方策の見つけ方

解決したい課題がある時に、その課題を攻略する手段がいくつか選択できる場合があります。その中から自分の夢を叶えるための解決策として最も適した方策を見つけるためのコツがあるのです。

そのコツとは、〝なぜその問題を解決したいのか？〟を問い直すことです。

ここでは登山を例に、方策の見つけ方のコツを説明したいと思います。

あなたは今、登りたいと思う山の麓にいます。その時のあるべき姿は、山の頂上に立つことです。この場合、ギャップは山の麓にいるあなたと山の頂上に立つあなたです。

つまり、山を登ることでギャップは解消されます。

行うべきことは簡単なこと、〝それで問題解決！〟そう思ってしまうと、大きな間違いを起こすことになります。

ではどのように考え、この課題を解決すれば良いのでしょうか。ヒントは、先ほど述べたあるべき姿の説明の中にあります。

「〝夢の中で自分が本当にやりたいことは何なのか？〟〝それを行うためには何をもって実現させることができるのか？〟を詳しく想像することです。未来の自分をできるだけ克明に想像することが、問題を明確にするためのカギとなります」

先ほど述べた内容を登山の例に当てはめ、〝どうして山の頂上まで行きたいのか？〟を考えてみましょう。

〝単に、山の頂上からの眺めを堪能したい！〟それなら、ロープウエーを使って頂上まで登ればそれで達成できます。

今日という日が、天気が良く山に登るのに絶好の気象条件であることを確認し、頂上まで短い時間で移動するだけです。

目の前には、真っ青な空と、緑に輝く山々とその向こうには海も見えます。素晴らしい景色をじっくりと堪能して、心をリフレッシュすれば良いでしょう。

しかし、登山が単なるリフレッシュでないのなら、話は少し違ってきます。〝次回、息子とその山を満喫したい〟そう望むのなら、自分の足で一歩一歩、登山ルートを登って行く必要があるでしょう。

次に来る時には、息子にその山や、そこに生える植物、生息している動物などの説明をするのが良いでしょう。そのためには、登山ルート上の景勝地を確認して途中で出会うことができる動植物の写真を撮る必要があります。頂上に着いた時、沢山の写真と持参したノートには実際に登ることでしか得られない貴重な山の情報が記録されているはずです。

家に帰ったらインターネットを使って、次に息子を連れて行くことを想像しながら詳しい情報を収集すべきです。事前に仕入れた情報を基に山の素晴らしさを息子と共に堪能する、そんな親子の触れ合いを想像するだけで、山に行く前から満ち足りた時間を過ごせるに違いありません。

〝同じ趣味を持つ仲間を、この山で見つけたい〟それなら、遠回りして山小屋で一泊する必要がありそうです。

あなたと同じように山小屋に一泊する人達と一晩語り合って、その中から意気投合した何人かと翌日山頂を目指すのです。

山頂では、何人かの新しい仲間があなたの傍らで、あなたと同じ素晴らしい景色を眺めていることでしょう。

人が何かを行おうとする時、そこには必ず〝なぜ？〟が存在します。問題を解決しようとする時、この〝なぜ〟を考慮に入れる必要があるのです。

・お金がかかってもいい、早くその技術を手に入れることで、他社に先んじて商品を開発する必要がある。可能な限り短時間で完結したい

・いくら時間がかかってもいい、慎重にことを進め完璧なものに仕上げるのが与えられた使命だ。僅かな傷や曇りさえも無いように仕上げたい

・今回の目的はチームワークを高めることが最重要。全員で作業することでワンチームを目指す

このように〝なぜその問題を解決したいのか？〟という理由を考えることで、取るべき方策が大きく異なり、当然そこから得られるモノも違ってくるのです。

問題解決の方策とは、単なる課題の解決手段ではありません。選ぶべき方策は夢に適ったア

イテムを選別するための手段なのです。

第6章　見えてくること

1　彼を知り己を知る

4年前に他界した父の話をします。

父の名刺には〝経営コンサルタント〟と記されていました。

顧客のほとんどがさほど大きな会社ではないのですが、経営上の問題解決や教育・人事などのお手伝いをしていました。人生の終盤は仕事量をかなり抑えてはいましたが、それでも亡くなる半年ほど前まで現役で活動していたのです。

今から30年ほど記憶を遡った頃の話になりますが、父が顧客から〝工場の生産効率をあげる〟という課題を与えられた時の話を聞かせてくれました。大学では外国語を専攻し、百貨店の営業や総務・人事関係の仕事を経たあとに独立したため、工学系の知識は全くありません。父にとっては、全く畑違いの課題です。

どのようにしてその課題を克服したのかは覚えていませんが、その時のことを振り返って言った言葉が「何でもやってみたら何とかなる」というものでした。

問題の職場にたびたび出向いてそこでの活動やそこで働く人達の状況を見聞きし、あらゆる情報を収集したことでしょう。その結果、顧客が満足するところの答えに辿り着くことができたのだと思います。

人生についてとか、将来についてとか、そんな硬い話を父とした記憶は他にありません。どんなキッカケでそのような話になったのかも覚えていませんが、この言葉は数少ない父から受け継いだ励ましの言葉として今でも心に残っています。

「国境の長いトンネルを抜けると雪国であった」。これは、誰もが知る川端康成の小説『雪国』の冒頭部分です。

トンネルの中は、闇の世界です。未知なる何かに対して戦いを挑もうとする時、人は正にトンネルの中を彷徨う心境でしょう。しかしそのトンネルは、抜けてしまえば周囲を見渡すことができます。

人は未知のモノに直面すると、その場で足をすくめ立ち止まってしまいます。しかし、それでは状況を好転させることなどできません。必要なことは、兎にも角にも目の前の相手を知ることです。相手が見えるところに進むことで、自分と相手との関係を探ることができるのです。

〝彼を知り、己を知れば百戦殆うからず〟という諺があります。この諺の裏には〝負ける戦いを回避することができる〟という意味が含まれているそうです。

〝敵と対峙した時、負け戦を起こさないためには先ず敵と自分を知りなさい。敵を知らなければ、その敵に対して正しく対応することはできないのだ〟という教えです。

人が自分の全く知らない領域に足を踏み入れた時、心の中には不安やストレスが渦巻きます。それは、未知の領域に潜む未知なる敵からの攻撃によって、自分が傷つけられることを恐れるからです。しかし、進むことを諦めてしまうと、ゲームはそこで終わります。

あなたが未知なる何かに対して不安を感じて足をすくめるようなことがあっても、一歩だけ前に踏み出て相手を探る、そんな勇気を持つべきです。

その結果、目の前の敵が予想以上に大きな壁だと判るかもしれません。逆に、恐れること自体杞憂であったのかもしれないのです。

敵を知れば、自身の心に変化が生まれるはずです。自分の行動を制限していた心の不安がいつの間にか解消され、未知だったはずの敵と適度な距離を置いて対峙している自分に気付くことでしょう。そのまま戦いを挑むのか、それとも次の機会に持ち越すかの選択はあなた自身が下せば良いのです。

〝彼を知り己を知る〟それが未知なる敵と対峙した時に取るべき最良の手段です。

2　力量アップによって見えてくる自分の力

スイミングを始めたのは、10年以上前です。健康のため週に二〜三日程度ですが、自宅近くのスポーツジムに通って泳いでいました。

それまでは泳げると言っても、平泳ぎが少し泳げる程度でした。そこで、試しにスイミングのレッスンを受けることにしたのです。

泳ぐのに必要な理論や正しいフォームなどは、先生から教わることができます。しかし、実際に水の中で泳ごうとしても思うようにはいきません。頭の中で想像するのと水中で体を動かすのとでは、全く感覚が異なるからです。習い始めの頃は、不思議なことに自分の手や足が今どこにあって、自分がどう動かしているのかが全く分からないのです。

先生から「右手を伸ばして」と言われても、息が苦しいので〝何とかしたい〟という焦りから、手が伸びているのか曲がっているかさえ分かりません。まるで自分の手や足が体から分離して、異次元の世界に飛んでいってしまったような感覚です。

特にバタフライは、酷い状況でした。同じ位置で手足をバタつかせているだけで、一向に前へは進みません。顔を水面よりも上に出して呼吸をすることすらおぼつかないのです。挙句の果てに水を飲んで噎《む》せ返ります。それでも一緒に習っている人達とお互いの泳ぎを見て、「単に溺れているとしか見えないね！」と言って笑い合うのがとても楽しかったのを覚えています。

少し水に慣れてくると状況が変わってきます。力みが和らいできて、異次元の世界から手足の感覚が自分の元に戻ってくるのです。驚くことなかれ、曲がっているのか伸びているのかさえ分からなかった手足の状態が認識できるようになります。さらに上達すると、両手両足の位置を意識しながら泳ぐことができるまでになるのです。

初めて水の中で手足の状態にまで気を配れることに気付いた時、少なからず驚いたのを今でも覚えています。それまで呼吸と同時に水を吸い込み、死ぬほど噎せ返っていた自分にとって、泳ぎながら手足を感じることは新鮮な感覚でした。〝今までよりも少しだけ上達したのかな〟という実感で涙が出るほど嬉しかったという記憶があります。

しかし、自分の手足の状態が分かることと、思うような動きができるのとは異なります。先生の教えをイメージ化した動きが、泳ぐ時の理想の姿です。ですが、実際にその動きを実践しようと、いくらもがいてもできないのです。

水面と身体の関係を水平に維持しようと努力するのですが、息苦しいこともあってか、どうしても体が上ずってしまいます。そのため、イメージしたようなスムーズな動きができず、どうしてもぎこちない動きになってしまうのです。

どんなジャンルのどんな活動にも当てはまることですが、理想とする動きと現実に自分ができる動きとの間に違いが生じます。即ち、両者の間にギャップが生まれるのです。このギャップを認識することが自分の力量を知る一つの基準になります。

自分が打ちこんでいる活動に慣れれば慣れるほどに、自身の動きや技術を正しく評価できるようになります。そのことにより、理想との力の違いを細部に至るまで認識することができるのです。

木工技術を例に挙げると、木の削り方、表面の仕上げ、全体像のバランスや加工時に使う技術など、プロの仕上げと自分の作品とを見比べることで、力の差を知ります。経験さえ身に付ければ、たとえ正確に判断できなくても両者の間に存在する差の大きさは大凡分かるはずなのです。

匠と言われる人の多くが自分の力に納得できず、一生を学びの場だと思いながら生きています。それは、自身の理想とするところと、今の技術との間に埋め切れていないギャップを感じるからです。

このように技術の違いが判るようになるということが、自分の中に力量に関する基準が構築されるということなのです。

初心者の時はただ単に憧れの存在でしかなかったプロや匠に関して、自分とのギャップを冷静に分析できるようになり、ギャップを生じさせる原因を見つけることができれば、目指すゴールへの道筋はかなり現実に近いものとして捉えることができます。

人は未来を知ることはできません。しかし、かなり高い精度で予測することは可能になるのです。但し、それには条件があります。それは目標をシッカリと見据える必要があるということです。

彼を知り己を知る。目の前にあるギャップを知りそこで自分に何ができるのかを知ることで、予測した内容と近い形で自身の未来を作りあげることが可能になります。

第7章

努力の積み重ねにより得られるもの

1　自己効力感

人のやる気や行動力を示す〝自己効力感〟という言葉を聞いたことがあるでしょうか。この言葉に対して啓蒙書の中では〝自分の可能性に気付き、それにより得られる自信〟などと説明しています。

しかし、たったこれだけの説明では、私的には少し物足らなさを感じるのです。その理由は、心のどこかに〝できる〟と本人に思わせる〝何らかの裏付けがあるからこそ人は自己効力感を持てるのだ〟と思うからです。しかし、先の説明の中にはその裏付けについて全く触れられてはいません。

人が何かの目的のために行動を起こそうとする時、先ず初めに情報を入手します。そして、得られた情報と自身の持つ記憶を参考に思考を重ねるのです。

目的に対しある程度解析が進み、おぼろげながらも自分の進む方向が見えてくると、行く手に待ち受ける問題や課題が判ってきます。そうした思考を経て、選択した方策に対して〝できるかもしれない〞〝きっとできる〞〝できない〞などの判断を下すことになります。
こうして選んだ方策に対し、実現の可能性を感じることができれば、つまり自己効力感を持つことができれば行動開始のスイッチが入ります。それとは逆に自己効力感を持つことができなければ、スイッチが入ることはありません。その場合には、さらに思考を重ね別の方策を捻り出す必要があるのです。

このように〝自己効力感〞は人の行動をコントロールするものです。思考の末決定した方策に対して実行の可否を決める重要な感情です。行動開始の判定を下すためには、心のどこかに成功を予感させるだけの裏付けがあるはずです。
それでは何が自己効力感を湧き上がらせるのでしょう。私は、その裏付けとは人の経験なのだと思います。なぜそれが経験だと思うのか、そのことを説明するため、ここでもう一度問題に取り組む時の手順について話をさせてください。

問題を解決するためには、先ず初めに問題の中に潜むギャップを探り出す必要があります。次に見つかったギャップの解消に取り掛かります。そのためには取り組むべき課題を設定し、その課題を克服すべく目標達成に向け努力するのです。

当然、克服しなければならない課題の多くは、それまで経験したことのない内容のものでしょう。これまで行ってきた対処法では役に立たないはずです。

しかし、全く手札が無いと思えるそのような状況においても、人はその状況から何かの手掛かりを見つけ出し、未知であったはずの課題を克服します。それは〝閉じ込められた暗闇の中でどこか抜け出す隙間を探し出し、その隙間を押し広げる〟そんな行為に似ています。

〝可能性を広げる〟それを現実のものとするためには、何度も挑戦し失敗を重ねる中で、僅かに感じる手応えを掴み取らなければいけないのです。

そのことについて理解するために、野球のバッティングの例を思い浮かべると良いでしょう。バッティングは、先ず素振りの練習から始めます。スイングの型がうまくできるようになると、次は実際にボールを打つ段階に進みます。しかし、最初はうまくボールを前に飛ばすことができないはずです。それどころか、飛んでくるボールをバットに当てることすら困難であるかもしれません。

そこで人は〝ボールを打てない〟という問題に対してどうすれば良いのかと考えます。自身のスイングと理想のスイングとの間に在るギャップを見つけ、それを解決するために課題を克服するのです。

そうして何度も失敗を繰り返しながらも、知恵を絞り工夫することで少しずつボールを前に飛ばせるようになります。この進歩の理由は、同じような失敗の動作を繰り返す中で〝うまくいった〟時のほんの僅かな感覚の違いを感じ取り、その手応えを少しずつ確実なものにしているからです。

そんな試行錯誤を繰り返すことでうまくいく頻度が増し、次第に〝できる〟という自信が芽生えてきます。それが〝自己効力感〟です。

このように〝自己効力感〟は、何か問題を解決する過程で生まれ育つものだと思うのです。最初は微かな感覚でしかなかった自己効力感が、幾度も挑戦を繰り返すことで次第に鮮明な手応えに変わります。そして最後にはうまくいくという確信にまで育つのです。

しかし、失敗を繰り返しながら上達するのは、なにも野球だけではありません。どんなスポーツでも実際に競技を行う中で、うまくいったという手応えを寄せ集め、次第にその感覚を確実なものに作りあげることで上達への道を進むのです。

このように実践でしか自らの力を高められないのは、スポーツの世界だけでしょうか。いいえ、世の中のほとんどの活動がそうなのです。

極端な言い方をすれば、人の活動そのものが失敗という経験を積み重ねることで成り立っているのだと言えるでしょう。なぜなら人の如何なる活動も、最初から完璧に行えるものなどひとつとして存在しないではありませんか。

いかなる行為であれ活動であれ、学習し挑戦を繰り返し、失敗という経験を積み重ねたその中からうまくいく手段を探り当てるのです。

〝改善〟という言葉があります。この言葉は、失敗したことやうまくいかなかったことなどに対し修正を行う行為を指します。しかし、どんなに適切な改善を行ったとしても、実際に実践し結果を確認してみなければその効果は判りません。

つまり、〝経験する〟という結果を受け取ることによってのみ、人はうまくいったのか否かの答えを知ることができるのです。

このようにして人は幾度も失敗を繰り返しながら、これまで自分に無かった経験を身に付けてゆきます。その過程で得た新たな経験が、自己効力感を育ててくれるのです。

これまでのあなたの人生を思い返してください。

自分の能力の限界を押し広げてくれたものは、実は自分自身の経験だということに気付くはずです。

命あるモノは、未知のモノに恐れを抱くという性があります。誰もその事実に逆らうことはできません。

しかし、自己効力感は鍛え育てることができます。その方法を先に述べたボールを打つ練習が示しています。最初は未知であっても失敗を繰り返すことで既知のモノに変えることができるのです。失敗の海に漂う〝うまくいった〟という感覚、それこそが自己効力感を生み出すことのできる経験なのです。

2 向上心

「あなたは、人前で赤面したことはありますか?」

自分自身が失敗したり人前で恥をかいたりすることに対し、どのようなイメージをお持ちでしょうか。

昭和の政治家に田中角栄という誰もが知った人物がいます。その田中角栄語録の中に〝失敗はイヤというほどした方がいい。骨身にしみる〟という言葉があるそうです。

この言葉の中で本来言わんとしていることとは少し違うかもしれませんが、私自身もいくつかの失敗を引きずっています。

それら一つひとつの失敗は些細なことですが、〝恥ずかしかった〟という記憶は今でも心の中に残っています。

とはいえ、その恥ずかしかった出来事を自分にとってのマイナスだとは考えていません。それどころか、自分にとってプラスだとさえ思っています。

過ぎた出来事は修正できるものではありません。今さら悔やんでも、何の値打ちも無いのです。なので、失敗をマイナスの出来事と考えずに自分への戒めとして心に刻むように心掛けています。

いくら知識を蓄えても、どんなに高価な道具を揃えても、必要な時に利用できなければ何の価値もないのです。

経験というものの有効性は体験したその瞬間ではなく、その後の自身の活動に対して〝どれだけ良い影響を与えるのか〟というところにあります。その意味から、同じ過ちを犯さないためのブレーキ役として使うことができるのであれば、たとえそれが大きな失敗であったにしても貴重な体験であることには違いないのです。それこそ、〝骨身にしみた失敗〟と言えるのではないでしょうか。

〝向上心〟という言葉があります。人が自らの知識や技術の足りない部分を解消し、成長したいと願う心です。

一般の啓蒙書ではこの向上心を高めるために、実践すべきこととしていくつかの行動を紹介しています。

・絶対に成し遂げたい夢や目標を設定する
・自己啓発本を読む
・新しいことに積極的に挑戦する
・努力することを当然と考える
・身近な向上心の高い人をモデルにする

確かにこれら心掛けるべき項目には、どれも素晴らしいことが書かれています。但し、そこには問題があります。それらの項目についてただ実践するだけでは、結局何も向上しないはずなのです。

〝向上心を高めたい〟単にそれだけの軽い気持ちによる取り組みでは、継続のためのモチベーションを維持することすら叶わないはずです。

では、何が必要なのでしょうか。

私個人の考えですが〝向上心は自ら進んで作りあげるものではなく、自然に心の底から湧き上がってくるものだ〟と思っています。

即ち、自分の気持ちを後ろから押し出してくれる〝何か〟です。

そう考えると向上心を最も掻き立てるキッカケになるものがあります。それはこれまで述べてきた〝失敗〟という経験です。

人は、自分にはできないのに他人にはできるという現実に対して、それを解消したいという感情を抱きます。

〝自分にはできなかった〟という悔しさが自身の負けん気に火をつけた時、人は本気になれるのです。

人前で恥をかいた原因が自身の無知によるものだと気付いたなら、必要な知識をどうにかして取り込みたいと思うでしょう。

人に先行され自分一人が取り残された感覚に陥った時、どうにかしてその差を縮めたいと奮起します。

〝人前で恥をかいた〟〝人から評価されなくなった〟〝人に見下された〟そんな経験の中で生じた悔しいという感情、そこから生まれる〝人に認めてもらいたい〟〝人から評価されたい〟〝人に後れを取りたくない〟という願望は、正しく本物であるはずです。

失敗から生まれる悔しさや見返したいと思う気持ちには、大きな推進力が秘められています。マイナスの感情を突き崩し､心の底から湧き上がる願望や希望の先に自分自身の〝あるべき姿〟を思い浮かべることができれば、きっと揺るぎない向上心が芽生えるのだろうと私は思うのです。

そう思うと、失敗は悪いことではないのです。考え方によっては、意外に良い結末に導いてくれる案内役になるのかもしれません。

要は、失敗を恥で終わらせるのではなく、その経験をバネにすることです。〝このままで良いのか？〟と自分自身に問いかけるのです。

その問いかけの先に目指すものが見えれば、恐れずに前に進むことができます。たとえ再度失敗することになったとしても、それもプラスに変えるのだという強い意志を持って立ち向かうべきです。

そうすることが、最終的に自分を成長させることに繋がるのです。

3　成長する喜び

大学を卒業し入社した会社は、生産工場を持っていてそこには多くの機械がありました。配属されたのは〝スケールアップ〟を担当するグループで、ビーカースケールと呼ばれる実験室規模の開発品を工場で生産できるように設計し直す役割を担った部署です。

おかげで工場中の様々な現場を見ることができ、そこで働く作業員の方達と話す機会にも恵まれていました。

生産ラインの一つに〝焼成〟という熱処理を行う工程がありました。熱処理とは原料を化学的に変化させ、目的の品質の物に仕上げるための操作です。そこには太目の煙突を横倒しにしたような形をした〝キルン〟と呼ばれる焼成炉がありました。その装置内の温度は数百度にまで達します。

工程のスタートアップのタイミングで、現場の班長さんと話をする機会が得られたのです。炉内の温度が少しづつ上昇し、調度目標の温度に到達した時です。私が、「所定の温度になりましたね！」と呟くと、その班長さんは「それじゃ」と温度調節用の燃料ダイヤルを少しさげたのです。

その時の私にはなぜ温度をさげたのか、理由が分かりませんでした。なので「せっかく目標の温度になったのに、どうしてダイヤルをさげたのですか？」と聞いてみたのです。

班長さんからの答えは「鼻薬が必要だからだ」という言葉でした。

その言葉の意味が解らないまましばらく観察していると、上昇する炉内温度は目標値で止まらずに、設定した温度を通り越したのです。温度制御の時によく起きるオーバーハングと言われる現象です。

そのまま観察していると、炉内の温度は下降に転じ目標値でピタリと止まったのです。

その様子を見て初めて炉の温度をあげるためのエネルギーと設定の温度を維持するためのエネルギーとのバランスから、「鼻薬が必要だ」と言われたのを理解しました。

この温度操作における鼻薬については、現場のマニュアルには書かれてはいません。いや、書けるようなものではないのです。

なぜなら、気温や湿度など装置の置かれた周囲の環境によって調整の仕方は大きく影響を受けます。そのことを詳しく言葉で表すなど到底できるものではないからです。

そんな癖のある温度操作に対し、それまでに培った経験からいとも簡単に、しかも何の躊躇もなく指先が勝手に動くが如く調整されたのでした。

その方の記憶の中には、外気温度や湿度、燃料の種類など操業に関連するデータが入っていたのでしょう。もしかすると、その日の天候や風速なども考慮に入れていたのかもしれません。

そんな能力を持つ班長さんにも新人の時代が当然あったはずです。職場のベテランメンバーと比べると、仕事に関する力量は当然劣っていたでしょう。若き日の班長さんの目には、先輩達がいとも簡単に炉をコントロールする様子が魔法を使っているように見えたに違いありません。

炉の運転は、温度調節用のダイヤルだけを見ていれば良い訳ではありません。炉全体を隈なく見る必要があります。

回転部の温度は正常か？

異音は無いか？

炉内の圧力バランスは崩れていないか？

とにかく、数え上げれば切りがありません。やらなければならない整備や調整が沢山あります。

しかし、そんな装置でも日々愛情を持って接していると、その日の調子が判ってくるのです。たとえ調子が悪くなったとしても、直ぐに対応してやることで装置もそれ以上すねることはしません。操作する側の自分達も嬉しいほど安定して、且つ気持ち良く動いてくれるのです。

私が入社した頃、その班長さんは四十代後半位の年齢に見えました。新人の身から巨大な装置をたった一つのツマミで自由にコントロールするまでの力量を持つまでに成長されたのです。

どのような努力をすればそこまで成長できるのか、今となってはそのことを聞く手段はありません。

しかし、確かなことが一つあります。その人の心の中には〝先輩〟という目標があったのです。

時にはすねて唸り声をあげることもある巨大な装置に対して少しも恐れず、相手を１００％理解することによって自分の思い通りにコントロールする先輩の姿です。

これまで多くの人が目標を達成しようと自分を奮い立たせて、苦難を乗り越えてきました。目標を達成するということと、辛さや苦しみとは切り離せない関係にあることも確かなことです。

しかし、目標を達成するまでの道筋には苦しみだけが横たわっているのでしょうか。いいえそんな訳はありません。

なぜなら、人は苦しみや嫌なことばかりが続くと直ぐに挫けてしまうからです。人が成功をおさめるためには、後ろから背中を強く押してくれる何かがあるはずです。挫けかけた心を励まし、力強く歩き出すだけの力を与える何かが必要なのです。

もしも成功への道のりが単に苦しみばかりであるのなら、ほとんどの人達が道の途中で挫折し、立ち止まったまま一生を終えたに違いありません。

しかし、多くの人が道の途中で足を止めることがあっても、そこからまた歩くことを始めるのです。極端な言い方をするならば、意志がさほど強くない人でも目標に辿り着いています。

なぜ皆が前に進むことができるのでしょうか。それは、目標を達成する過程には苦痛や苦しみだけではなく、人を元気にさせる気付きがあるからです。

・日々の活動が充実している
・自身の活動に関して何かの手応えを得た
・自分の思い通りのことができた

・目的地に近づくことの実感
・思った以上にうまくことが運ぶ感覚
・心から望むものを得た
・自分がそれまでできなかったことができるようになった
・人に自分の存在価値を認めてもらえた

これらの気付きを喜びや元気に変えることによって、人はゴールまで辿り着くことができるのです。

それら気付きから得られる喜びの形や大きさは、人により異なるでしょう。しかし、いずれのケースにおいても目標を達成するまでには、多くの気付きがあったに違いありません。そのことによって励まされて、元気づけられたのは間違いないはずなのです。

ではそれらの気付きを、喜びや元気に結びつけるためにはどうすれば良いのでしょうか。

その一番の方法は、自分自身を誉めてあげることです。

このように書くと「おかしなことを書いている」と言われる方も多いと思います。しかしそう断言するのには、理由があります。

なぜなら、人からの称賛では自尊心を満足させ喜びを感じさせることができないからです。人の評価は、自分自身が満足を得るための単なる材料に過ぎません。

その証拠の一つひとつが、先に挙げた目標を達成する過程で遭遇する気付きです。これら気付きから人が喜びを感じるためには、最終的に自分自身が心の中で自分を誉める必要があります。

例えば人から称賛を受けた時、その事実を自らが認めて、自分に対して「よくやった！」と言葉をかけてあげることで初めて満足できるのです。

いくら他人から褒められても、そのことを自分が納得できなければ喜びは生まれないはずです。褒められた内容に対して自分が納得し、「その通りだ！」と思えるからこそ満足できるのです。このように〝自分自身への称賛〟のみが喜びに繋がっています。

ですから、日々の生活の中で何かに突き当たった時、生きることへの息苦しさを感じた時、またそこから活動を続けるための喜びを得たいのなら、自分自身を誉められるようにすることです。

・苦しい中で今日という一日を頑張った
・昨日までできなかったことが、今日できるようになった
・目指す目標に少し近づいた

誉める内容は何に対してでもいいのです。ほんの少しだけ前進したことでもかまいません。そうすることで心の底から元気が湧いてきて、明日も頑張ろうという気力がみなぎってきます。

スポーツの試合で、選手がプレー中にこぶしを握り締めてガッツポーズをするシーンをよく見かけます。試合のあとには〝観客の皆さんから多くの力をいただきました〟とのコメントを出したりもします。確かに観客からの応援も力にはなるのでしょう。

しかし、本当に試合の中で必要な力は「よくやった。今のプレーは素晴らしかった」「お前はできる力を持っているじゃないか」そう自分を誉めながらガッツポーズを決めた時、初めてみなぎってくるのです。

誉めることで力が湧くのは、なにもスポーツの世界だけではありません。私達の生活でも同じです。しかし、無理やりこぶしを握り締めてもダメなのです。何も成果が得られていないと

ころで、こぶしを作っても効果はありません。

必要なのは〝前進した〟という実感です。成長したと感じたそのタイミングに、〝やった！〟とこぶしを握り締めながら自分を誉めるのです。この瞬間、心の中にはどのような思いが湧き出てくるのでしょうか。

おそらく〝自分はもっとできるのだ！〟そう感じているに違いありません。そして新たな〝自信〟や〝自己効力感〟が湧き起こります。〝成長〟を実感することで自身のモチベーションがランクアップし、それが喜びに変わり、さらに心の奥底から新たな力が湧き上がるそんな瞬間なのです。

人は目標が無いと気力を無くしてしまいます。その理由は、目標に近づいたという気付きが生まれないからです。目標があるからこそ、ほんの少しの前進であったとしても、近づいたということへの感動や喜びが生まれるのです。

喜びが無ければ、次の活動に必要な活力も生まれてこないのです。活力が無ければ、人生への張り合いも無くなります。そうすると、生活自体が単調で怠惰なものになってしまうでしょう。

そうならないためには、活力が必要です。生活に気力を与える最も良い方法、それは何か目標を見つけ達成しようと努力することです。〝自分は成長している〟その実感が日々の生活を活気づけるのです。

何度も繰り返します。行動を起こさないままでは自分の持つ能力を発掘することはできません。成長は人としての最大の喜びです。自らの成長を実感するチャンスは、いくらでも転がっているはずです。そんな大切な機会をみすみす見逃すのは非常に愚かなことだと思いませんか。

4　自信

先日のことです。友人数人とオンラインで飲み会を開く機会がありました。その時に、「社内にマニュアル通りの仕事しかできない人間がいて、本人もそのことを自覚すると共に不安を感じている」という話を聞きました。後日それに関係する内容をインターネットで検索してみると、〝指示待ち人間〟なる言葉がヒットしました。

〝指示待ち人間〟については、自身の勉強不足のせいで初めて聞く言葉です。少し気になったので調べてみると、概ねどの説明にも〝指示通りの業務はこなせるが自発的に動けない人〟のようなことが書かれていました。

私が会社に勤めていた時の経験からすると、人は二種類のタイプに分かれていたように思います。

① 1から10まですべて指示する必要があるタイプ

② 何がやりたいのか、どんな結果を得たいのかだけを指示すれば良いタイプ（当然、どのような手段でそれを達成するかは、指示された側が自由に考えて実行する）

の二種類です。

②のタイプに属する人は、職務に関する力量をある程度備え、その仕事に関する認識も持っていました。

それに対して①に該当する人は、他部署から異動してきたばかりだったり、新人として配属されたところであったりと、その職務についての知識と経験がまだ浅い人達だったような気がします。

そのことから想像するに、〝指示待ち人間〟という言葉に該当する人達は、仕事に必要な知識や経験が不十分なため自分の考えだけで行動を判断できない。あるいは、関連する知識や経験は備えているが担当する職務の中で判断を下すために必要となるコアな情報が欠けている人なのだと思うのです。

実は、私自身も同じような経験をしたことがあります。

勤めていた会社で工場を建設するプロジェクトがありました。自身はプロジェクト発足時には参加させてもらえなかったのですが、発足から丁度１年が経過した頃です。幸運にもそのプロジェクトのメンバーに入ることができました。異動を聞いた時には非常に嬉しかったのを覚えています。しかし、事はそんなに単純ではありませんでした。

他のメンバーは最初からそのプロジェクトに参加していました。従って、仕事の内容に関して細かな部分に至るまで知識を蓄えていたのです。

例えばあるエリアに設備を配置する場合、どこに主要な機械を据えて関連する機械をどのように配置するかについては、さまざまな理由や理論があるはずです。それらを考慮したうえで最善のレイアウトを決めなければいけません。

たった1m、いや10cm位置が違うだけで、機械の効率だけでなく作業性や安全性などにも影響します。自分以外のメンバーは、そんな検討を1年間喧々諤々と議論し決定してきたのです。対象とする工程ではどのような項目を重視する必要があるのか。その時に押さえておかなければいけないポイントなど知っておかなくてはいけないことが多くありました。

しかし、その時の自分にはそれらを考えるための基礎となる知識が抜けていたのです。自分の活動がまるで土台の無い場所に建築物を建てるような不安定さを感じると共に、自分の考えに自信が持てなかったことを覚えています。

そんな経験をしてから、数年後のことです。別のプロジェクトでやはり途中から参加させてもらう機会がありました。プロジェクトの発足からはそんなに時間は経過していなかったのですが、生産量や設備の概要は既に決定されていました。

そこで与えられた最初の仕事は、生産量からマテリアルバランスを作ることでした。〝マテリアルバランス〟とは、生産量を基にそれに見合った装置や配管の大きさを決定するために、投入する原料やエネルギーの量を決める作業です。

そのためには途中工程の物質量や状態についても把握しておく必要があります。関連する項目では、使用する保温材の材質や必要な厚さまで計算して出すのです。

マテリアルバランスは既に完成しているので、自分が作ることは自分自身の勉強のためだけでしかありません。会社としては無駄な仕事です。しかし、その作業をさせてもらえたことは自分にとっては非常に大きな自信になりました。

その工程では何を目標としているのか。その目標を達成するために何が必要なのか。それらを判断するために必要な知識や条件について、マテリアルバランスを作る過程で身に付けることができたのです。

そして、それらの知識はその後の仕事に大きく役立ってくれました。

仕事においては〝何をしたいのか〟や〝何のためにそれを行うのか〟を理解しておく必要があります。それが組織における判断を下すためのコアな情報です。具体的には〝企業方針〟や〝企業目的〟がその例です。個人ならさしずめ〝夢〟や〝希望〟に当たるでしょう。

企業においては、業務における行動や判断基準を明確にするために作業マニュアルを作成します。マニュアルの先頭には企業の方針や目的を記載し、内容はその趣旨に沿った形でまとめるべきです。しかし、マニュアルの多くは単に作業のみが書かれていて、肝心のコアな情報が置き去りにされています。

方針が記載されない理由として、多くを書くとボリュームが大きくなって誰も読まなくなるという懸念や、そこまで記載すると改訂の機会が多くなってしまうというような事情があるのかもしれません。

そのため、肝心な部分である〝何〟がマニュアル中からは全く伝わらなくなっているのです。

確かに通常の仕事を行う中では〝何〟を理解していなくても、マニュアル通りに動けば問題は発生しません。

しかし、一旦マニュアルに書かれていない事態が発生した時、特に異常時などでは、自分の取るべき行動や進むべき方向が定められずに、身動きが取れないまま固まってしまうことがあります。まるでコンピューターが異常時にロックしてしまうが如く、そこで動けなくなってしまうのです。

動けなくなる理由は、マニュアルから外れると次に進まなければならない方角が目の前から消えてしまうためです。唯一の行動の指針であるマニュアルには、異常時の対応についてはほとんど書かれていません。いくら周囲を見回しても、行き先を示してくれるものは何も無いのです。

そういう状況に陥ってしまうと、マニュアルからしか指示を受けたことが無い人間には、なす術が無いのです。これが指示待ち人間を生んでしまう原因です。

では、指示待ち人間にならないためにはどうすれば良いのでしょうか。すべきことはただ一つ、普段から〝何〟を意識することです。

具体的には、普段行っているマニュアルに書かれた行為に対して、〝どんな結果を得たいのか？〟と自分に問いながら活動することです。

仕事を行う中では、日々変化があります。同じマニュアル通りの行動を心掛けても、結果は微妙に異なります。それらの僅かな違いが生じる理由について〝どんな要因がどのように結果に影響を与えたのか？〟をあとで復習することです。そのことを実践しながら仕事を進めると、仕事がうまく行えたという〝手応え〟を感じ取ることができるようになります。

もっと具体的に言うと、ある作業を行う時〝その作業を素早く行うのが良いのか〟、それとも〝ゆっくりと丁寧に行うのが良いのか〟などを考えながら行うことです。その結果、期待した通りの成果が表れたのなら、自分の判断が正しかったのだと思えるでしょう。その逆であれば、次はうまくできるように工夫すれば良いのです。

簡単なことではないでしょうが、少しでも良かったという感覚が得られたのならしめたものです。その感覚を取り組みの手応えとして喜びに変換することができれば、これまで面白くなかった作業に対してでも興味が湧いてくるはずです。

活動の中で手応えを感じられたら、その瞬間にこぶしを握り締めて〝やった！〟と自分自身を誉めてあげてください。そうすれば心の底から元気が湧き上がり、次への活力がみなぎるのです。更なる意欲と、次の取り組みについても〝やり遂げられる〟という自信が湧いてきます。

仕事の中に喜びを感じない。それが理由で自分から進んで新しいことに挑戦しようと思えない。なので、指示されたことを行うしかなく、自分で判断を下せないままになってしまう。そんな受け身の状態では、いくら悩んでも状況は改善するはずがありません。
興味や喜びの得られない仕事からは、成長は望めないのです。

もしも〝自分は指示待ち人間ではないか？〟という心配があるのなら、先の方法により仕事の中から遣り甲斐や喜びを見つけることです。ほんの少しでも前向きな気持ちになれれば良いのです。それが指示待ち人間の問題を解決するキッカケになります。

うまく遣り甲斐を見つけることができたなら、見つけ出した遣り甲斐や喜びをさらに大きく膨らませるような目標を設定することです。目の前に目標をかざし、そこに向かって突き進むことです。達成への道は単調でないかもしれません。しかし、その分途中のそこかしこから多くの力を得ることができるはずです。

今はまだ心の準備ができていないからと言って、しり込みをすることはありません。進むための準備は多くないのです。

・何を達成するのか、その基準は何か
・達成のため取る方策は何か

そのことを考えておくだけです。

あとは自分自身の判断を信じて前に進むことです。前を目指して進むうちに、自分の行動に対して自然に自信が持てるようになってくるでしょう。

人は意外と不器用な生き物です。何かの活動に対して自信が持てるようになると、それとは直接関係のない活動に対しても自信が湧いてきます。全く別のことを行っている時でも、気持ちを完全に切り変えることができないからです。

日常仕事に振り回されている人が気晴らしにカラオケに行ったり、毎日の締めに酒場に行くことで憂さ晴らしをするのがその例です。そんな日々の鬱憤を酒場や娯楽で紛らわさなければ、そのことが家庭生活に悪影響を及ぼしかねないからです。

それとは逆に自身の活動そのものに対して喜びを感じられるようになれれば、その充実した気持ちがそのまま他の活動にも良い影響を与えてくれるようになります。

前向きの気持ちは、自身の活動のすべてに影響するものなのです。

5　達成する力

「予め結果を予測しなさい」

これは私が若い頃、上司から言われた言葉です。

まだ入社数年しか経っていない頃、プラントに組み込むある化学装置の設計を上司から与えられました。設備の能力は決まっていたので処理量や装置の大きさについては決められた数値を用いるのですが、その反応槽の設定温度はまだ決まっていませんでした。そのため最適温度を求める実験を行う必要があったのです。

反応温度を求める時、例えば予想する温度が仮に40℃から60℃の範囲の中にあるとします。単純に実験を行うのであれば最初5℃刻みで条件を振って、その結果を見てさらに温度条件を絞るような手順で実験を行います。

しかし、上司の指示には実験の前に関連する数値を調べ、どのように反応が起こるのかを予め予測することも含まれていたのです。

化学反応は原料の物質を変化させて必要な物質を得るものです。反応する物質が気体なのか、液体なのかで反応の仕方が違います。さらに反応に伴って熱の発生や、逆に熱の吸収が起こるのです（これを発熱反応・吸熱反応と言います）。

それら諸々を考えて予め「（最適温度を）予測しなさい」というのが上司の指示でした。正に〝彼〟を知らなければ答えを探ることができない注文です。

彼を知り予め答えを予測するのは簡単ではありません。しかし、実験の前にそのひと手間をかけることで非常に多くの知見を得ることができます。たとえ予測が外れたとしても、間違えた原因を調べることでさらに多くのことが解るのです。

〝予め予想する〟ことが有効なのは、人と人の関わりも同じです。知人に頼みごとをする時にも、〝お互いの親密度〟や〝相手の性格〟等考慮すべき点があるはずです。それらを踏まえて〝どのような状況で話をするのか〟や〝相手の機嫌〟など、話を持ちかける時の条件を考慮に入れるのも必要でしょう。

孫子の教えは「もしも劣性なら、そこでの戦いを避けなさい」というものです。その判断を下すためには〝どんな知識を得る必要があるのか、どこまでその知識を深めるのか〟ということを理解しなければいけません。孫子が教えるレベルまで情報を集めるのは並大抵のことではないでしょう。

しかし、私達はそこまで身構える必要はありません。なぜなら、孫子の教えは〝戦争〟についての話です。もしそこで失敗すれば、即命を失うことになります。それに対して私達の〝戦い〟は違います。たとえ失敗したとしても、そこで反省しまたやり直すことができるのです。

私達の戦いはたとえ失敗に終わったとしても、その原因を調査し検討することができます。次は絶対に失敗はしないという強い意思と心の底から湧き起こる向上心を武器に、失敗の原因を排除するチャンスが与えられているのです。

次の戦いで勝利をおさめるためには、誤った部分をクローズアップして改善策をより具体化することです。〝彼と己の明確化〟に対して真摯に向き合うこと、それこそが達成の真髄なのです。

おわりに

過去はどんなに頑張っても、変えることはできません。しかし、未来は自分の力で変えることができます。そんな未来を、積み木の山に例える人がいます。

積み木はずれたまま積むと、上にいくほどにその歪は大きくなります。合わないパーツを無理に使うと、やはりそこから歪が生じるのです。その歪を修正しないまま積むことを続けていると、いずれどこかの時点で崩れてしまいます。ですから、高く積むためには歪が生まれないように基礎をシッカリと固め、一つひとつのパーツを調整しながら確実に組み上げる必要があるのです。

私達は人生の何を積み木に例えているのでしょうか。私は、それが人の力量ではないのかと考えています。その場合、知識と技術に相当するものが、さしあたり積み木の土台や一つひとつのパーツということになるのでしょう。そして、積み上げる能力や山の設計図を描く力が応用能力に相当するのだと思うのです。

人が作り出す山は、積む人によって形が異なります。高くそびえたつ山を好む人がいれば、たとえ低くても尾根のようにどこまでも連なる山を好む人もいます。もしも、大きな山を積み上げたいと望むなら、その土台は強固でなければいけません。思い通りの形に仕上げるためには、ちゃんとした設計図が必要です。しかし、はたから見て〝素晴らしい〟と思えるような山を作るためには、作り手がある程度の力量を有していなければいけないのです。

人生の初期に作る山は、誰が積んだとしても歪んで完成度の低いものしかできないはずです。設計図を描く技術も同じです。頭に描いた図面も、最初は実際に積んでみると思うようにはいかないものです。しかし、そこでめげずに失敗の原因を探り修正を繰り返すうちに、バランスの取れた積み上げや欠陥の無い設計図を描けるようになるのです。

積む山の形が人によって違う理由は、単に作る人の生き方や人生の楽しみ方が違うからです。なので、自分の残した山がどんな形をしていたとしても、それが自分の思う通りに積み上げてきたものなら、それまでの自分の人生に納得できるはずです。

もしもあなたが、今の自分の生き方に対して不満や気怠さを感じているのなら、低くても良いので自分の思う通りに積む練習を始めてみたらどうでしょう。最初はうまくいかないでしょうが、何度もチャレンジを繰り返すうちに次第にうまくできるようになります。

チャレンジとは、新しいものを創造する行為です。必ず人生に変化をもたらします。そこに楽しみを感じられれば、生きがいが生まれてきます。これまでの人生がいくら平坦であったとしても、これからの人生を充実したものに置き換えることができるのです。

今この本に興味を持ち取りあげてくれている方なら、これまでにもなにがしかの山は築いてこられたことでしょう。スポーツで優勝した。コンクールで入賞した。志望校に受かった。心を込めて何かを作りあげた。その時に感じたことを今覚えていますか。きっと、誇らしい達成感や大きな喜びであったはずです。

しかし、今感じているのが〝何を行っても長続きしない〟そんな悩みであるのなら、焦るだけでは問題は好転しません。その理由は、あなた自身にあります。それは、あなたが今の活動に希望を感じていないからです。つまり、活動の未来に希望を見出せていないが故、前に進もという気力が湧いてこないからなのです。

自分のやりたいことが判らない。そう悩んでいる人も同じです。今選択できるどの道の先にも夢を感じることができないから、いずれに対しても食指が動かない。それがやりたいことが見つけられない理由です。いくら現状に満足しているつもりでも、心のどこかに不満が燻っているからなのです。

あなたは今、人生という大海の中で自分が求めるに足る夢を探し求めている最中ではありませんか。それならば、ただ現状に悩んでいても仕方がありません。それは単なる時間の無駄というものです。

そんな状況を好転させるには、自分に対する認識を変える必要があります。即ち、〝自分は、今歩んでいる道が至る場所よりもっと高い到達点を望んでいるのだ！〟と自覚することです。

そのことを強く意識すれば、誰でも求める夢や希望を見つけることができるはずです。今必要なことは〝悩む〟ことよりも〝どんな夢が見つかるのだろうか？〟という期待を抱くことなのです。

人生を好転させる方法は、先ず初めに〝長く続けられること〟〝自分のやりたいこと〟を見つける必要があります。しかし、急いてはことを仕損じます。真にやりたいことが未だ見つかっていないのなら、見つけるまでの行程をも楽しめば良いではありませんか。〝どんな夢を見つけることができるのか〟を考え、期待に胸躍らせながら今を過ごせば日々を楽しく送ることができます。

人の生き甲斐について、それは「小さな喜びの積み重ねだ」と言う人がいます。こぶしを握り締めて小さくガッツポーズを決める。そうやって多くの喜びを重ねれば、その喜びの中から夢に成り得る目的が見つかるはずです。

人の価値は〝今何ができるのか〟や、〝今何を行っているのか〟などではありません。振り返った時に、〝何を行ってきたのか〟そして〝何を残したのか〟で決まります。

あなたの人生は良くても悪くても、これからもずっと続きます。どこに向かうかは当の本人が決定することです。そう考えると、今から生き方を修正しても決して遅くはないのです。まだ決まっていない未来について、くよくよ思い悩むのは無意味です。活動の過程で得た経験は、いずれにしてもあなたの身となり力となります。

たった一度きりの人生です。悔いを残さないように進もうではありませんか。その取り組みがうまくいった時には、思いっきりこぶしを握り締め自分を誉めてあげてください。きっと握り締めたこぶしの数だけ、あなたの未来は輝きを増してゆくはずです。

2023年2月14日

尾﨑　裕

〈著者紹介〉
尾﨑 裕（おざき ゆたか）
1958年京都生まれ。大学卒業後就職した会社で、研究開発・建設技術・生産・事務等各種の職務に携わる。その中で得た“人の力量は目的を持った活動とそれを実現するための努力により培われる”という共通の知見から、構成員一人一人自らが思考し行動することの重要性を実感。本書はその考えを落とし込んだ一冊。
著書に『ヒューマンエラー防止対策 ヒヤリハットの検証と精査』（幻冬舎ルネッサンス新書、2020年9月）がある。

夢《ゆめ》を叶《かな》える確《たし》かなステップ
〜なりたい自分《じぶん》になるための具体策《ぐたいさく》
それはほんの少《すこ》しだけ行動《こうどう》の歯車《はぐるま》を変《か》えること〜

2023年7月14日　第1刷発行

著　者　　尾﨑裕
発行人　　久保田貴幸

発行元　　株式会社 幻冬舎メディアコンサルティング
〒151-0051　東京都渋谷区千駄ヶ谷4-9-7
電話　03-5411-6440（編集）

発売元　　株式会社 幻冬舎
〒151-0051　東京都渋谷区千駄ヶ谷4-9-7
電話　03-5411-6222（営業）

印刷・製本　中央精版印刷株式会社
装　丁　　弓田和則

検印廃止

ISBN 978-4-344-94539-5 C0095
幻冬舎メディアコンサルティングＨＰ
https://www.gentosha-mc.com/